순례자의 노트

말씀으로 말씀을 이해하고 말씀으로 기도하며
하나님의 성품을 발견하는 살아있는 말씀묵상

KB191823

장 성 환 지음

*일러두기

이 책은 매일 묵상하고 기도하길 원하는 그리스도인을 위한 52주(1년) 영성 훈련 교재입니다.

이 책의 묵상을 위해 사용한 구약과 신약의 구절은 한국디아코니아연구소의 허락을 받아
「헤른후트 기도서」 제 282판의 주간 본문에서 가져온 것입니다.
(헤른후트 기도서 한국어판은 2009년부터 한국디아코니아연 구소에서 번역 출간되고 있습니다.)

이 책의 본문에 '말씀으로 드리는 고백 기도'는 저자가 두 구절의 말씀을 묵상하고 작성한 기도문입니다.

이 책에서 사용한 성경본문은 대한성서공회의 허락을 받아 사용한 「성경전서 개역개정판」 4판입니다.

이 책의 (1인)가정예배를 위해 선택한 본문 주제는 '예수님의 발자취를 따라 떠나는 여행'입니다.

목차

들어가는 말

우리는 불안하고 예측할 수 없는 시대를 살아가고 있습니다. 언제 발생할지 모르는 긴장되는 상황이 늘 두려움으로 다가옵니다. 나라와 나라가 대결하고 수많은 생물들이 사라지고 있습니다. 심각하게 오염되는 땅 위에서 인류의 생존도 크게 위협받고 있습니다. 세계 질서가 새롭게 재편되고 저마다 살 길을 찾아 이기적으로 변해갑니다. 사탄의 권세가 작동하는 이러한 구조적인 죄악 속에서 그리스도인은 신앙을 지키기 어려워지고 있습니다. 그러나 하나님께서는 이러한 삶의 암울한 정황 속에서도 우리를 말씀으로 인도하시며, 교회가 세상의 유일한 소망이 되도록 역사하십니다. <순례자의 노트>는 오늘 현실 속에서 교회와 성도가 본래의 정체성을 되찾고 믿음으로 살아갈 수 있도록 돕는 하나님의 선물입니다. 상처난 영혼과 육신을 회복시키고, 진리를 외면하는 시대에 분별력을 갖도록 돕는 도구입니다. 교회의 쇠퇴가 가파르게 진행되는 현실에서 건강한 공동체를 이루는 길은 오직 온 우주를 말씀으로 창조하신 주님의 말씀 위에 서는 것임을 믿습니다.

<순례자의 노트>는 기독교 역사 속에서 교회와 신앙의 선배들이 행했던 영성훈련의 모델을 따릅니다. 초기 중세에서 종교개혁을 거쳐 근대의 경건 운동과 부흥 운동에 이르기까지, 하나님의 사람들이 추구했던 경건의 주제들을 담았습니다. 고난과 위기의 시대를 지나며 그들이 하나님을 경험하기 위해 사용한 영성 훈련 방법들이 이 책의 큰 뼈대가 되었고, 지금도 유익하고 충분히 적용 가능한 방법이라 확신합니다.

올해도 새로운 말씀을 담은 2024년 <순례자의 노트>가 출간되었습니다. 작은 소책자로 시작되어 다섯 번째 발행되는 <순례자의 노트>는 말씀으로 말씀을 이해하고 말씀의 은혜를 통해 깊은 기도의 세계로 우리를 이끌어 줍니다. 또한 말씀 안에 담긴 하나님의 성품을 깨달아 하나님 중심의 기도로 나아가게 합니다. 말씀을 자의적으로 해석하거나 단순한 위안의 도구로 삼는 것을 지양하고, 내가 아닌 하나님으로 부터 시작하는 주체적이고 능동적인 말씀 묵상으로 인도합니다. 신앙을 거부하고 거룩함을 잃어가는 시대에 그리스도인들을 하나님의 말씀 앞에 다시 서게 하는 <순례자의 노트>가 되길 간절히 기도합니다.

2024년 <순례자의 노트>가 나오기까지 많은 분들의 도움이 있었습니다. 사랑하는 창의진교회 성도들에게 가장 먼저 감사의 마음을 전합니다. 그리고 항상 부족한 후배 목사에게 기도와 격려를 아끼지 않으시는 멘토 목사님들께 감사를 드립니다. 또한 이 책의 중심 부분인 헤른후트 묵상집의 묵상 구절 사용을 허락해 주신 한국디아코니아연구소 홍주민 목사님께 감사를 드립니다. 올해도 교정과 문서작업을 위해 수고해 주신 창의진교회 성도님들과 편집 작업으로 애써주신 유니꼬디자인 최윤희 자매에게 감사의 마음을 전합니다.

순례자의 노트에 관하여

1. 하나님 중심의 말씀 묵상
- 말씀으로 말씀을 이해하기

1.

말씀 묵상은 말씀의 의미를 찾는 영적 행위입니다. 하나님의 마음과 뜻을 알기 위해서 말씀을 반복해서 읽고 생각하고 질문하며 답을 찾아가는 일입니다. 그리스도인은 말씀 묵상을 통해 깨달은 것으로 자신의 삶을 해석합니다. 말씀의 은혜로 새로운 힘을 얻고 매일의 삶을 하나님의 뜻에 따라 살아가려고 노력합니다. 하지만 말씀의 의미를 찾는 일이 늘 쉽지만은 않습니다. 성경은 이해하기 어려운 말씀들과 복잡하고 까다로운 말씀들도 많이 포함하고 있기 때문입니다. 말씀의 본뜻을 파악하기 위해서 해석의 도구, 이를테면 주석서나 해설서를 사용할 수도 있습니다. 그러나 말씀을 학문적으로 탐구하고 정확한 뜻을 찾고자 하는 노력이 평범한 신앙인들에게 늘 유효하지는 않습니다. 그러한 노력은 자칫 지식적으로 흐르거나 자기만족에 그치기도 합니다. 우리는 결코 하나님의 위대한 경륜과 뜻을 다 알 수 없기에, 말씀을 대할 때는 늘 겸손한 마음을 가져야 합니다. 하나님은 우리에게 말씀을 '선물'로 주셨습니다. 말씀은 인간의 언어로 우리에게 오신 하나님 자신입니다. 말씀을 묵상한다는 것은 그 하나님 앞에 겸손히 서는 일입니다. 자비로우신 하나님은 말씀 앞에 겸손히 서는 자들에게 당신의 뜻과 마음을 드러내 주십니다.

2.

우리에게는 말씀의 뜻을 발견하고 깨닫기 위한 좋은 방법이 필요합니다. 기독교 역사에서 하나님의 말씀을 잘 해석하고 이해하기 위해 사용된 다양한 방식들이 있었습니다. 그 중 하나가 '말씀으로 말씀을 이해하는' 방법입니다. 말씀으로 말씀을 이해하는 것은 말씀 구절을 성경 안의 다른 말씀 구절을 통해 해석하는 것입니다. 구약의 말씀을 신약의 말씀에 비추어 이해하거나, 말씀에 쓰인 구절이나 단어가 또 다른 말씀의 구절에선 어떻게 쓰였는지를 비교해서 그 의미를 찾는 것입니다. 한 예로 구약의 아브라함의 믿음을 잘 이해하기 위해서는 성경의 다른 말씀들이 그의 믿음을 어떻게 말씀했는지 살펴보는 것이 중요합니다. 예수님이 복음서에서 아브라함의 믿음을 어떻게 말씀하셨는지, 사도 바울이 그의 서신서에서 믿음을 설명할 때 아브라함의 믿음을 어떻게 인용했는지, 히브리서 기자가, 또는 야고보 사도가 아브라함의 믿음에 대해 무엇을 말씀했는지를 들여다보면 우리는 아브라함의 믿음에 대해 좀 더 확실한 이해에 도달하게 됩니다. 신학에서는 이러한 방식을 '성경의 내적 해석' 이라고 합니다. 성경 해석의 가장 오래되고 기본적인 방식입니다. 오랜 성경 해석의 역사에서 다양한 해석 방법이 등장했지만, 구약의 말씀을 해석하기 위해 연관된 신약의 말씀을 살펴보고, 신약의 말씀을 이해하려고 할 때 구약이 어떻게 말씀하는가를 살피는 전통은 지금까지도 가장 기본적인 말씀 이해의 방법으로 여겨져 왔습니다. 그리고 이러한 방법은 신학 전문가들만 사용할 수 있는 방법은 아닙니다. 특별한 해석의 도구 없이 매일같이 말씀을 붙들고 살아가야 하는 평범한 신앙인에게도 유용한 말씀 해석과 묵상의 방법이 될 수 있습니다.

3.

<순례자의 노트>는 말씀으로 말씀을 이해하는 방식에 따라 매일 구약의 한 구절과 신약의 한 구절을 읽고 묵상하도록 구성되어 있습니다. 이 책에서 사용되는 구약과 신약의 구절들은 디트리히 본회퍼가 생애 마지막 순간까지 붙들고 있었다고 전해지는 헤른후트 공동체의 성경묵상집에서 가져온 것입니다. 헤른후트 묵상집은 1731년부터 지금까지 한 해도 빠짐없이 300년 가까이 출간되고 있는 개신교 전통의 훌륭한 성경묵상집입니다. 이 묵상집을 출간하는 헤른후트 형제단은 1800개의 구약의 말씀 중에 한 개의 구절을 제비뽑기로 결정하고 그 말씀에 대응하는 신약의 말씀을 공동체의 오랜 시간의 기도와 회의를 통해 선택합니다. 우리는 이렇게 선별된 구약과 신약의 각 구절을 반복해서 읽고, 필사하고, 묵상하는 과정을 통해 두 구절이 갖고 있는 본래의 의미가 더 선명하게 드러나는 것을 보게 됩니다. 말씀 속에 담긴 하나님의 마음과 뜻을 더욱 분명하고 풍성하게 이해할 수 있게 됩니다.

4.

말씀으로 말씀을 묵상하는 일은 우리에게 큰 유익을 줍니다. 무엇보다 하나님 중심의 말씀 묵상이 무엇인지 알게 됩니다. 내가 원하는 방식으로 말씀을 파헤치거나 해석하려고 하지 않고 말씀을 말씀 안에서 이해하려고 노력하기 때문에, 우리는 자연스럽게 하나님 중심으로 묵상하게 됩니다. 그 과정에서 우리는 하나님의 뜻과 하나님이 기뻐하시는 것이 무엇인지 깨닫습니다. 말씀이 나를 비추고 감추어진 내면을 드러내주는 경험을 하게 됩니다. 깨달은 말씀은 우리를 결단하게 해 줍니다. 이 결심은 바로 우리의 기도가 됩니다. 말씀이 자연스럽게 기도로 연결되는 신비를 경험하게 되는 것입니다. 야고보 사도는 말씀 읽기를 거울에 자신을 비춰보는 것에 비유했습니다.(야고보서 1:23) 마치 거울이 나의 모습을 비춰주듯이, 말씀은 자신을 비춰줍니다. 이것은 말씀을 대하는 우리에게 귀한 가르침을 줍니다. 말씀이신 하나님이 말씀 안에서 당신의 뜻을 드러내시고, 그 말씀 앞에 나의 모습도 드러납니다. 말씀이 나를 채우시는 그 순간은 바로 말씀의 은혜를 경험하는 순간입니다. 나를 깨우시는 하나님의 임재를 경험하는 순간입니다.

2. 하나님 중심의 기도 생활
- 하나님을 알고 나를 아는 기도

1.

그리스도인의 기도는 '하나님'으로부터 시작됩니다. 믿음이 어릴 때는 '나'로부터 기도를 시작했지만, 성숙한 그리스도인은 하나님의 뜻과 하나님의 마음을 먼저 구하며 기도를 시작합니다. 하나님 중심의 기도는 하나님이 내 삶을 어떻게 바라보실까 생각하면서 하나님을 구하는 것입니다. 우리는 중요한 기도의 단계들을 무시하고 내용적으로 빈약한 '나' 중심의 간구로 기도 시간을 채울 때가 많습니다. 하나님의 뜻을 먼저 구하기보다,

하나님께서 우리가 처한 상황과 조건을 속히 바꿔주시길 구합니다. 하지만 하나님은 우리의 일그러진 본성과 죄악된 상태를 먼저 일깨우길 원하십니다. 당신을 우리에게 먼저 드러내길 원하십니다. 우리를 변화시키시고, 우리를 통해 당신의 뜻을 이루기 원하십니다. 하나님의 계획이 자신의 삶을 통해 이루어지기를 소망하는 그리스도인이라면, '나' 중심의 기도에서 '하나님' 중심의 기도로 옮겨가야 합니다. 하나님의 때에 하나님의 방법으로 기도의 열매가 맺히길 기다려야 합니다.

2.

이전 페이지에서 우리는 하나님 중심의 말씀 묵상이 무엇인지 알게 되었습니다. 말씀을 묵상하면서 깨닫게 된 하나님의 뜻과 마음이 있다면, 우리는 그것을 붙들고 기도를 시작하면 됩니다. 말씀에서 드러난 하나님의 성품과 그분의 섭리를 고백하면 그것이 '고백기도'입니다. 이것은 좋은 기도의 시작입니다. 다윗의 시편에서 보듯이, 그는 하나님의 약속과 그분의 본성에 대한 풍부한 이해에 기초해서 기도를 시작했습니다. 우리도 다윗처럼 기도할 수 있습니다. 하나님을 고백하며 기도의 문을 여는 것입니다. 이러한 기도가 낯설고, 내가 원하던 기도가 아니어서 불편한 마음이 들 수도 있습니다. 그러나 우리가 말씀으로 고백하며 기도하면, 전혀 생각하지 못했던 하나님의 마음을 알게 됩니다. 말씀이 나의 기도가 되고 나의 생각이 하나님의 뜻으로 바뀌는 경험을 하게 됩니다. 말씀을 묵상하며 하나님의 뜻을 깨닫고, 그 하나님을 고백하며 기도하는 것은 결국 같습니다. 둘 다 하나님의 음성을 듣는 것이고, 하나님과 소통하는 행위이기 때문입니다. 기독교 역사의 신앙 선배들은 이 소통이 삶의 전부가 되기를 원했습니다. 삶 전체가 기도가 되도록 하는 것이 쉬지 말고 기도하라는 사도 바울의 말씀을 실천하는 것이라고 생각했습니다.

3.

말씀으로 드리는 기도에서 한 걸음 더 나아가는 것이 하나님의 성품을 묵상하는 '침묵 기도'입니다. 하나님의 성품을 고백하며 침묵하는 기도는 우리를 더 깊은 기도의 세계로 인도해줍니다. 나의 의지로 기도하고자 하는 욕망을 멈추고 하나님께 집중할 수 있도록 해 주기 때문입니다. 모세는 홍해를 앞에 두고 두려워 떨던 이스라엘 백성들에게 너희는 가만히 서서 여호와께서 너희를 위해 하시는 일을 보라고 말했습니다. 침묵 기도는 나를 대신해서 싸우실 하나님을 소망하며 나의 모든 생각과 의지를 하나님께 복종하는 시간입니다. 침묵하고 있지만 우리 안에서 거룩한 의지와 욕망이 치열하게 싸우는 시간입니다. 그러기에 침묵 기도는 가장 역동적인 기도의 시간입니다. 잡념과 욕망의 간섭을 물리치고 침묵 가운데 하나님의 성품을 반복하여 고백하면서, 나의 내면이 하나님의 성품으로 충만히 채워지기를 사모하는 시간입니다.

4.

　종교 개혁자 칼뱅은 하나님을 아는 것이 곧 나를 아는 것이라고 했습니다. 우리는 고백하고 침묵하는 기도를 통해서 하나님을 알고, 우리가 어떤 존재인지 알게 됩니다. 하나님만을 추구하며 기도하면, 놀랍게도 나의 감춰진 욕망과 내면의 미움, 분노 등을 발견하게 됩니다. 그래서 하나님의 성품을 묵상하는 기도는 회개로 이어집니다. 하나님 보다 자신을 앞세웠던 순간들을 회개하고, 완악한 마음으로 말하고 행동했던 것들을 회개합니다. 말씀을 읽고 기도를 해도 공허하고 답답했던 이유가 자신의 완악함과 교만 때문이었다는 것을 깨닫고, 하나님께 용서를 구합니다. 오랜 신앙의 선배들은 날마다 전(全) 일생을 통해 자신의 부끄럽고 아픈 과거를 끌어와 하나님 앞에 내어놓고 회개하는 기도를 했습니다. 자신의 내면에 끈질기게 남아있는 죄의 흔적들과 자신과 하나님 사이를 가로막는 것들을 허무는 기도를 했습니다. 이것이 '일생을 통한' 회개 기도입니다. 이렇게 회개하면 하나님은 우리의 마음 밭을 변화시켜 주십니다. 우리의 마음이 마치 어린아이와 같은 마음이 됩니다. 잊고 있던 은혜가 생각나고, 나를 향한 하나님의 사랑을 깨닫게 됩니다. 하나님이 나를 구원하셨구나, 은혜 주셨구나, 지금까지 돌보아 주셨구나 하며 감사하게 됩니다. 내가 모르는 사이에 하나님은 나를 주님 닮은 사람으로 빚어오고 계셨음을 알게 됩니다. 자신을 예수님께 복 받은 존재라고 인식하게 되면 자연스럽게 '감사기도'가 터져 나옵니다. 하나님을 만났던 순간들과 내게 주셨던 크고 작은 기적들에 감사하면서 오늘 내 삶에도 하나님이 일하심이 드러나기를 소망하며 기도하게 됩니다.

5.

　이러한 기도를 통해 우리는 하나님께서 모든 일을 하나님의 때에 이루실 것을 소망할 수 있습니다. 이미 열매를 거둔 자의 마음으로 내 삶의 문제들을 기도하고, 다른 사람을 위해 중보하며 기도할 수 있습니다. 간곡한 마음으로 기도하지만 믿음으로 기도하기에 평안할 수 있습니다. 우리에겐 많은 기도의 제목이 있습니다. 그러나 하나님 중심으로, 하나님의 뜻이 이루어지길 소망하는 마음으로 기도하면, 내가 무엇을 결심하고 행해야 하는지 성령께서 알려주십니다. 다시 힘을 낼 수 있도록 도우십니다. 어려움에 처한 사람을 위해 기도했다면, 작은 것이라도 격려하고 도울 수 있도록 하나님이 나를 사용하십니다. 우리는 매일의 삶 속에서 말씀하시는 하나님의 음성에 순종하고 실천하면 됩니다. 예수님 닮은 사람으로 우리를 만들어가시는 하나님의 계획에 동참하십시오. 주님께서는 말씀의 은혜에서 기도의 신비로 나아가는 복된 여정에 우리를 부르십니다.

순례자의 노트 사용법, 이렇게 사용하세요!

· **시작 기도** - 성령 하나님의 도우심을 구하며 영성 훈련에 임합니다.
① 말씀을 읽고 묵상할 때 하나님의 성품과 마음을 깨닫게 하소서.
② 하나님의 뜻과 일치하는 마음으로 기도하게 하소서.
③ 주님께서 들려주시는 음성에 결단하며 실천하게 하소서.

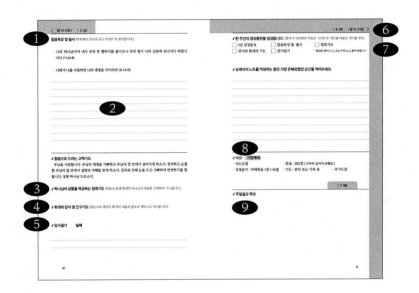

1 말씀 묵상

① 말씀을 소리 내어 읽습니다. 소리 내어 읽은 후 구약과 신약, 두 구절 간의 연관성을 생각하며 눈과 마음으로 여러 번 묵독합니다. 말씀이 이해되지 않을 때는 읽기를 잠시 멈추고 기도한 후 다시 읽습니다.
② 말씀을 읽을 때는 주석이나 해설에 의존하지 말고 필요하다면 다른 번역의 성경 (새번역 성경, 쉬운 성경, 메시지 성경 등)을 참조합니다.
③ 말씀 구절 중에 기억하고 싶은 부분을 밑줄로 표시합니다.
④ 구약과 신약의 구절에서 서로 의미가 같다고 생각하는 단어나 어구를 표시하고, 묵상합니다.
⑤ 말씀 구절에서 묘사되는 하나님의 성품이나 말씀 중에 주시는 기도의 제목 또는 결심을 여백에 기록합니다.

2 **말씀 필사**

　① 말씀을 들려주신 하나님께 감사하는 마음으로 정성껏 필사합니다.

　② 필사 중에 새롭게 깨닫게 되는 내용이 있다면 여백에 기록합니다.

3 **하나님의 성품을 묵상하는 침묵 기도 (5~10분)**

　① 말씀 속에 나타난 하나님의 성품을 붙들고 반복해서 마음으로 고백합니다. 예를 들어 말씀 묵상 중에 발견한 하나님의 성품이 '사랑'이라면 '하나님은 사랑이십니다!'라는 고백을 반복합니다.

　② 하나님이 허락하시는 평안함과 충만함이 느껴질 때까지 침묵기도를 계속합니다.

　③ 침묵 기도가 회개와 감사 기도로 자연스럽게 이어지도록 합니다.

4 **회개와 감사 및 간구 기도 (5~10분)**

　① 떠오르는 회개의 내용과 지난 삶 가운데 허락하신 은혜를 기억하며 기도합니다.

　② 개인적인 간구와 중보 기도의 제목을 놓고 기도합니다.

5 **감사 일기**

　① 사소한 것이라도 감사한 일들을 간략하게 기록합니다. 저녁 시간이라면 그날 하루 감사했던 일을 기록합니다.

6 **1년 성경 통독 스케줄**

　① 이 스케줄에 따라 성경을 읽으면 한 해 동안 성경을 1독 할 수 있습니다. (주일은 제외)

7 **(토요일) 영성 훈련 점검**

　① 월요일부터 금요일까지의 영성 훈련을 스스로 점검합니다. 부족했던 부분을 체크하고 개선할 방법을 간략하게 기록합니다.

　② 영성 훈련을 못할 정도로 영적인 어려움이 있다면 목회자나 믿음의 동역자에게 도움을 구하십시오.

　③ 지난 한 주 동안 가장 기억에 남는 은혜의 순간을 기록합니다.

8 **(1인)가정 예배**

　① 순서에 따라 예배합니다. 가족이 함께 예배한다면 구성원이 말씀을 나누어 봉독하고 매주 번갈아가며 대표로 기도합니다.

9 **주일 설교 묵상**

　① 주일에는 성경 통독을 포함한 모든 영성 훈련을 쉬고 예배와 교회 공동체를 위한 헌신의 삶에 집중하고 안식합니다.

순례자의 노트 예시)

말씀묵상 및 필사 (반복해서 본문을 읽고 묵상한 후 필사합니다.)   그리스도인에게 주님만 앙모하고
↲사람의 지혜를 의지하는 자들   주님께 구하는 일은 쉽지 않다

도움을 구하러 애굽으로 내려가는 자들은 화 있을진저 그들은 말을 의지하며 병거의 많음과
마병의 심히 강함을 의지하고 이스라엘의 거룩하신 이를 앙모하지 아니하며 여호와를 구하지
아니하나니 (사 31:1)
말을 의지, 병거, 마병의 강함을 의지

· 너희 믿음이 사람의 지혜에 있지 아니하고 다만 하나님의 능력에 있게 하려 하였노라 (고전 2:5)

➤ 하나님의 방법!!

도움을 구하러 애굽으로 내려가는 자들은 화 있을진저 그들은 말을 의지하며

병거의 많음과 마병의 심히 강함을 의지하고 이스라엘의 거룩하신 이를

앙모하지 아니하며 여호와를 구하지 아니하나니 (사 31:1)

너희 믿음이 사람의 지혜에 있지 아니하고

다만 하나님의 능력에 있게 하려 하였노라 (고전 2:5)

✰ 나는 진정 하나님만 의지하는 자인가? 아니면 사람의 지혜를 의지하는 자인가?

오늘 내가 의지하는 병마와 말과 마병은 무엇일까?

도와줄 사람, 재물, 인간적인 의도들

✓ **말씀으로 드리는 고백기도**

세상에 소망이 있는 줄 알고 살아왔던 지난 날을 회개합니다. 하나님을 의지하지 않고 세상의 명예와 재물과 힘을 의지했습니다. 믿음이 없었습니다. 주님의 사랑과 능력 안에서 다시 믿음으로 일어서게 하소서. 하나님의 능력만을 신뢰하는 자로 세워주소서.

✓ **하나님의 성품을 묵상하는 침묵기도** (말씀을 통해 발견한 하나님의 성품을 고백하며 기도합니다.)

우리의 구원이 되시는 하나님, 모든 능력과 힘의 주인이신 하나님
주님을 앙모하고 주님께 구하는 자를 사랑하시는 하나님

✓ **회개와 감사 및 간구기도** (말씀으로 깨달은 회개의 내용과 중보의 제목으로 기도합니다.)

온전한 믿음으로 하나님의 능력을 만나게 하소서, 하나님의 방법을 끝까지 신뢰하게 하소서
공동체의 식구들을 붙들어 주시고 주님만 바라보게 하소서

✓ **감사일기 21 일째**

오늘도 말씀으로 영혼을 회복시켜 주시고 신령한 은혜를 주셔서 감사합니다.
주변의 사람들이 아프지 않고 건강하게 지내게 해 주셔서 감사합니다.

34

헤른후트 기도서와 순례자의 노트 ─────────

순례자의 노트는 헤른후트 기도서<로중, Die Losungen>의 주간 신구약 성경 본문을 사용합니다. 개신교 전통의 개인 묵상 기도서 중 가장 오랜 역사를 지닌 이 기도서는 독일 헤른후트 공동체에서 1731년부터 매년 책의 형태로 만들어져 오늘까지 전 세계 60여개에 이르는 언어로 번역 출판되고 있습니다. 우리나라는 2009년부터 한국 디아코니아 연구소에서 '말씀 그리고 하루'란 제목으로 출간되고 있으며, 본문 말씀 외에 연중 말씀, 찬송과 기도문, 주간 및 주일 성경 묵상 본문과 성경 통독 일정이 포함되어 있습니다.

1. 헤른후트 공동체

"교회의 기초는 신조가 아니라 경건에 있다. 나에게는 단 한 가지
열망 밖에 없다. 그것은 예수님, 오직 그분 뿐이다."
(니콜라우스 루트비히 폰 진젠도르프)

'하나님의 피난처' 또는 '하나님의 오두막'이란 뜻의 헤른후트(Herrnhut)는 독일의 작센 주에 위치한 인구 1200여명의 작은 마을의 이름입니다. 300년 전, 그 지역의 백작이었던 진젠도르프와 1415년 로마 가톨릭과의 마찰로 화형 당한 얀 후스의 후예인 모라비안 교도들과의 신앙적 만남을 통해 헤른후트 공동체가 시작되었습니다. 진젠도르프는 종교적 박해를 피해 자신의 땅에 정착한 그들에게 생활할 곳을 제공했고, 함께 신앙

전통을 이어갈 수 있는 공동체를 만들었습니다. 또한 진젠도르프는 교회에 자신의 올바른 신앙을 증명하고, 헤른후트 공동체를 보호하기 위해 튀빙겐 대학에서 신학 수업을 받고 형제교회 감독으로 안수를 받았습니다.

헤른후트 공동체는 놀라운 영적 체험과 부흥을 통해 하나님과의 진실된 만남을 추구했습니다. 자신들의 목숨을 예수 그리스도를 위해 드리기로 결심하고 그리스도인의 경건과 거룩함이 교회와 사회에 흐를 수 있도록 희생적 삶을 살았습니다. 그들은 1728년, 서인도와 터키에 선교사를 보내기로 결정하고 4년의 준비 끝에 서인도에 두 명의 선교사를 파송했습니다. 이들이 바로 최초의 개신교 선교사들입니다. 이후 독일 남부와 스위스, 발트해 연안, 러시아, 북미 등 전 세계로 선교의 지경을 넓혀 나갔고, 18세기에 무려 226명의 선교사를 해외에 파송했습니다. 선교지로 떠나면서 자신들의 관을 짜가지고 간 이야기는 유명한 일화로 지금까지 남아 있습니다. 지금도 헤른후트에 가면 복음을 위해 바다와 산, 그린란드 빙하를 헤치고 나아갔던 그들의 열정을 만나볼 수 있습니다.

헤른후트 공동체는 근대 독일 개신교의 영적 각성에 중요한 역할을 감당했습니다. 실천하는 경건주의 신앙 공동체, 경제 생활 공동체로 존재하면서 기독교의 사회운동에 적극 참여한 자들이었습니다. 바로 이 공동체를 유지하고 부흥하게 한 영성의 중심이자 기둥이 바로 바로 헤른후트 기도서였던 것입니다.

2. 헤른후트 기도서와 순례자의 노트

진젠도르프는 '하나님은 우리에게 어떻게 말씀하시는가?'라는 질문에

'하나님은 말씀을 통해 말씀하신다.'는 신앙적 확답 아래에서 로중 운동(헤른후트 기도서)을 전개했습니다. 헤른후트 기도서는 미리 선택된 1800개의 구약의 말씀(로중) 중에 매년 제비 뽑기로 말씀이 선택되고, 뽑힌 말씀을 풀 수 있는 열쇠로 공동체 구성원들의 오랜 기도로 신약의 말씀(가르침의 본문)을 선택했습니다. 어느 한 개인에 의해 임의적으로 선택된 말씀이 아니라 공동체 스스로, 하나님 나라를 위해 기도하면서 깊은 통찰과 영성으로 선택된 말씀이었습니다. 무엇보다 로중은 지금까지 신비하게 선택된(뽑힌) 말씀에 중요한 의미를 둡니다. 오늘, 지금 나에게 말씀하시는 내용에 초점이 있다고 말할 수 있습니다.

이와 달리 순례자의 노트는 말씀으로 말씀을 해석하는 것과 하나님의 성품을 발견하는 훈련에 중요성과 무게를 둡니다. 300년 가까운 기간동안 여러 번 반복되어 선택된 본문일지라도 조금도 훼손되지 않은 신학적 깊이와 영적 은혜를 만날 수 있습니다. 뿐만아니라, 순례자의 노트는 본문 묵상 외에 기독교 영성의 역사에서 발견한 다양한 훈련들, 침묵(성품) 기도, 필사, 매일 회개 기도, 감사, 성경 통독 등과 함께 사용하도록 구성되어 있습니다.

3. 순례자의 노트의 유익

순례자의 노트의 가장 큰 유익은 말씀을 자의적으로, 또는 나 중심적으로 해석하지 않고 하나님의 측면에서 말씀을 이해하도록 돕는데 있습니다. 더 나아가 말씀으로 만난 하나님의 성품을 붙잡고 기도할 수 있도록 인도합니다. 하나님이 허락하신 말씀이 기도가 되고 기도가 나의 삶에 순종으로 나타나는 것이 순례자의 노트의 큰 특징입니다. 말씀을 해석하는 도구로서 말씀을 사용하는 전통을 이어간다는 것과 말씀 속에 담긴 하나님의 성품과 뜻을 발견해서 기도하는 것은 모든 그리스도인에게 반드시 필요한 내용이며, 이 전통 속에서 오늘의 삶을 믿음으로 살아내게 하는 것이 순례자의 노트의 가장 큰 유익이라 할 수 있습니다.

말씀의 중요성을 강조하는 개신교 영성이 내용적으로 빈약하다는 비판을 받는 것은 성도가 스스로 말씀을 해석하고 삶에 적용하는 훈련이 잘 되어 있지 않기 때문입니다. 우리 안에 소중한 보물로 남아 있는 영성 훈련의 도구를 통해 하나님의 성품을 알고 그분의 뜻으로 삶을 해석하고 기도하면 이미 신앙의 선배들을 통해 검증된 충만한 영적 은혜가 있을 것입니다. 말씀과 기도란 영성의 두 가지 축을 하나로 연결하고 그 안에서 일어나는 역동적인 은혜를 통해 나와 가정, 그리고 교회와 사회를 위해서 헌신하는 자들을 세우는 것이 순례자의 노트가 만들어진 이유입니다.

4. <헤른후트 기도서>를 평생 사랑한 디트리히 본회퍼

1939년 7월 미국 유니언 신학교 초빙교수로 있던 본회퍼는 당시 그의 심경을 그의 책 <신도의 공동생활>에서 이렇게 말합니다.

> "헤른후트 기도서는 단순한 성경 말씀 구절에 그치지 않는다. 매일 주어지는 말씀은 우리에게 앞으로 나아갈 길을 결정할 수 있게 한다."

그 해 여름, 그는 로중의 말씀을 붙잡고 자신이 미국에 계속 머물지 아니면 독일로 다시 돌아갈지를 고민한 흔적을 일기에 남겼습니다. 그리고 주신 말씀을 붙들고 기도한 끝에 순종하는 마음으로 그의 나아갈 길을 결정합니다. 그는 항상 로중의 말씀을 통해 삶을 인도하시는 하나님을 사모했고, 말씀을 따라 순종하는 삶을 살았음을 그의 전기를 통해 확인할 수 있습니다.

100년 전 독일에서 일어난 히틀러와 나치즘으로 세상이 피로 물들고 대다수의 교회가 거기에 굴복했을 때, 그가 예수 그리스도의 통치와 회복을 갈망하며 나치가 아닌 그리스도의 길을 선택할 수 있었던 것은 말씀 위에 서 있었기 때문이었습니다. 본회퍼 목사 외에도 헤른후트 기도서는 많은 개신교 신학자와 목회자 그리고 성도들에게 깊은 영향을 끼쳤습니다. 이 기도서가 오랜 시간 영성 생활의 도구로 우리에게 남아 있는 이유는 말씀 안에 역사하신 하나님의 능력이 묵상 가운데 분명하게 나타났기 때문이라고 믿습니다.

지금 한국 교회에 필요한 영성은 300년 전 진젠도르프가 외쳤던 구호와 같이 경건, 그리스도를 향한 헌신, 그리고 복음의 열정이 아닐까 싶습니다. 말씀으로 공동체와 사회를 회복하고 세계적 선교를 이룬 헤른후트 공동체의 삶이 복음의 열정이 쇠퇴해 가는 오늘을 사는 우리 모든 그리스도인에게 본이 될 것임을 확신합니다.

Jan.

성경은 그리스도인에게 가장 중요한 삶의 원천이자 보화입니다. 하나님의 말씀이 담겨 있는 특별한 계시이자 유일한 진리로, 우리의 온 몸과 영혼을 이끄는 생명줄입니다. 예수님은 '사람은… 하나님의 입으로부터 나오는 모든 말씀으로 산다'고 말씀하셨습니다. 인간이 살아가는데 필요한 모든 것을 반드시 성경으로부터 얻어야 한다는 절대적 진리의 선언이자, 반드시 우리 안에 뿌리가 되어야 할 예수님의 음성입니다.

말씀묵상 및 필사 (반복해서 본문을 읽고 묵상한 후 필사합니다.)

· 네가 말하기를 여호와는 나의 피난처시라 하고 지존자를 너의 거처로 삼았으므로 (시 91:9)

· 너희 염려를 다 주께 맡기라 이는 그가 너희를 돌보심이라 (벧전 5:7)

_____

_____

_____

_____

_____

_____

_____

_____

_____

_____

✓ **말씀으로 드리는 고백기도**

주님, 들의 백합화가 자라는 것을 보라는 주님의 음성을 기억합니다. 세상 만물을 지으시고 보전하시는 아버지를 신뢰하지 못하고 삶의 현실 앞에서 허우적 거리는 인생을 불쌍히 여겨주소서. 참된 피난처이신 여호와 하나님께 날마다 달려가겠습니다. 주님과 동행하는 한 해가 되게 하소서.

✓ **하나님의 성품을 묵상하는 침묵기도** (말씀을 통해 발견한 하나님의 성품을 고백하며 기도합니다.)

✓ **회개와 감사 및 간구기도** (말씀으로 깨달은 회개의 내용과 중보의 제목으로 기도합니다.)

✓ **감사일기   일째**

_____

_____

말씀묵상 및 필사 (반복해서 본문을 읽고 묵상한 후 필사합니다.)

· 너는 센 머리 앞에서 일어서고 노인의 얼굴을 공경하며 네 하나님을 경외하라 나는 여호와이니라 (레 19:32)

· 늙은이를 꾸짖지 말고 권하되 아버지에게 하듯 하며 젊은이에게는 형제에게 하듯 하고 늙은 여자에게는 어머니에게 하듯 하며 젊은 여자에게는 온전히 깨끗함으로 자매에게 하듯 하라 (딤전 5:1-2)

___
___
___
___
___
___
___
___

✓ 말씀으로 드리는 고백기도

하나님을 공경하는 자는 주님의 겸손한 마음으로 맡겨진 자들을 섬기는 자임을 믿습니다. 은혜를 먼저 받은 자의 마음으로 주님이 맡기신 자들을 위해 기도하며 섬기게 하소서. 주님께서 오실 날을 기대하며 모든 사람에게 관용을 알게 하는 제자가 되기를 원합니다.

✓ 하나님의 성품을 묵상하는 침묵기도 (말씀을 통해 발견한 하나님의 성품을 고백하며 기도합니다.)

✓ 회개와 감사 및 간구기도 (말씀으로 깨달은 회개의 내용과 중보의 제목으로 기도합니다.)

✓ 감사일기   일째

___
___

말씀묵상 및 필사 (반복해서 본문을 읽고 묵상한 후 필사합니다.)

· 너희는 도둑질하지 말며 속이지 말며 서로 거짓말하지 말며 (레 19:11)

· 불의를 기뻐하지 아니하며 진리와 함께 기뻐하고 (고전 13:6)

_____

_____

_____

_____

_____

_____

_____

_____

_____

✓ **말씀으로 드리는 고백기도**

우리를 존귀하게 하신 하나님, 거짓과 불의와 속임은 우리와 함께 할 수 없음을 고백합니다. 내가 거룩하니 너희도 거룩하라 말씀하신 하나님의 명령을 따라 순종하기를 원합니다. 성령님께서 거룩한 영으로 우리 안에 임재하여 주소서.

✓ **하나님의 성품을 묵상하는 침묵기도** (말씀을 통해 발견한 하나님의 성품을 고백하며 기도합니다.)

✓ **회개와 감사 및 간구기도** (말씀으로 깨달은 회개의 내용과 중보의 제목으로 기도합니다.)

✓ **감사일기**　　일째

_____

_____

말씀묵상 및 필사 (반복해서 본문을 읽고 묵상한 후 필사합니다.)

· 꿈이 많으면 헛된 일들이 많아지고 말이 많아도 그러하니 오직 너는 하나님을 경외할지니라
(전 5:7)

· 주여 누가 주의 이름을 두려워하지 아니하며 영화롭게 하지 아니하오리이까 오직 주만 거룩하
시니이다 주의 의로우신 일이 나타났으매 만국이 와서 주께 경배하리이다 하더라 (계 15:4)

_____

_____

_____

_____

_____

_____

_____

_____

✓ 말씀으로 드리는 고백기도

온갖 좋은 은사와 온전한 선물은 다 아버지께 속한 것임을 믿습니다. 헛되고 헛된 것을 따라 살
지 않고 오직 위로부터 주시는 주님의 은혜로 살아가게 하소서. 우리의 만족과 소망은 오직 빛 되
신 주님께 있음을 믿습니다.

✓ 하나님의 성품을 묵상하는 침묵기도 (말씀을 통해 발견한 하나님의 성품을 고백하며 기도합니다.)

✓ 회개와 감사 및 간구기도 (말씀으로 깨달은 회개의 내용과 중보의 제목으로 기도합니다.)

✓ 감사일기   일째

_____

_____

말씀묵상 및 필사 (반복해서 본문을 읽고 묵상한 후 필사합니다.)

· 나의 하나님이여 내가 주의 뜻 행하기를 즐기오니 주의 법이 나의 심중에 있나이다 하였나
이다 (시 40:8)

· 너희가 나를 사랑하면 나의 계명을 지키리라 (요 14:15)

_____

_____

_____

_____

_____

_____

_____

_____

_____

_____

✓ 말씀으로 드리는 고백기도
　주님을 사랑합니다. 주님의 계명을 기뻐하고 주님의 뜻 안에서 살아가게 하소서. 정직하고 순결
한 주님의 법 안에서 생명과 지혜를 얻게 하소서. 진리로 인해 눈을 뜨고 기뻐하며 찬양하기를 원
합니다. 성령 하나님 도우소서.

✓ 하나님의 성품을 묵상하는 침묵기도 (말씀을 통해 발견한 하나님의 성품을 고백하며 기도합니다.)

✓ 회개와 감사 및 간구기도 (말씀으로 깨달은 회개의 내용과 중보의 제목으로 기도합니다.)

✓ 감사일기　　일째

_____

_____

✔ 한 주간의 영성훈련을 점검합니다. (참여가 어려웠던 이유를 기록한 후 개선할 내용을 적어봅시다.)

☐ 1년 성경통독　　☐ 말씀묵상 및 필사　　☐ 침묵기도

☐ 감사와 회개의 기도　☐ 감사일기　　*열심히 참여 (○), 조금 부족 (△), 참여 못함 (×)

✔ 순례자의 노트를 작성하는 동안 가장 은혜로웠던 순간을 적어보세요.

_____
_____
_____
_____
_____
_____
_____
_____
_____

✔ (1인)　가정예배

· 사도신경　　　　　　　· 찬송 : 250장 (구주의 십자가 보혈로)

· 성경읽기 : 마태복음 1장 1-16절　· 기도 : 본인 또는 가족 중　　· 주기도문

1. 7. (일)

✔ 주일설교 묵상

_____
_____
_____
_____
_____
_____

말씀묵상 및 필사 (반복해서 본문을 읽고 묵상한 후 필사합니다.)

· 내가 나의 침상에서 주를 기억하며 새벽에 주의 말씀을 작은 소리로 읊조릴 때에 하오리니 (시 63:6)

· 하물며 하나님께서 그 밤낮 부르짖는 택하신 자들의 원한을 풀어 주지 아니하시겠느냐 그들에게 오래 참으시겠느냐 (눅 18:7)

_____

_____

_____

_____

_____

_____

_____

_____

✔ 말씀으로 드리는 고백기도

주님, 주님께서 우리에게 기도할 수 있는 특권을 주셨습니다. 날마다 주님과 소통하며 확실한 주님의 음성을 듣는 기쁨을 누리게 하소서. 끝까지 인내하며 주님의 뜻을 알기 위해 나아갑니다. 성령님, 우리의 중보자로 임재하소서.

✔ 하나님의 성품을 묵상하는 침묵기도 (말씀을 통해 발견한 하나님의 성품을 고백하며 기도합니다.)

✔ 회개와 감사 및 간구기도 (말씀으로 깨달은 회개의 내용과 중보의 제목으로 기도합니다.)

✔ 감사일기   일째

_____

_____

말씀묵상 및 필사 (반복해서 본문을 읽고 묵상한 후 필사합니다.)

· 그들이 침상에서 죄를 꾀하며 악을 꾸미고 날이 밝으면 그 손에 힘이 있으므로 그것을 행하는 자는 화 있을진저 (미 2:1)

· 또 이르시되 너희가 무엇을 듣는가 스스로 삼가라 너희의 헤아리는 그 헤아림으로 너희가 헤아림을 받을 것이며 더 받으리니 (막 4:24)

_____
_____
_____
_____
_____
_____
_____

✓ **말씀으로 드리는 고백기도**

선하신 하나님, 아버지의 선하심을 닮게 하소서. 남을 판단하고 심판자처럼 행동하는 우리의 교만을 용서하소서. 악을 되갚으려는 마음은 더 큰 죄악을 낳을 뿐임을 깨닫게 하소서. 인내하신 예수 그리스도를 묵상합니다. 주님, 믿음을 더하소서.

✓ **하나님의 성품을 묵상하는 침묵기도** (말씀을 통해 발견한 하나님의 성품을 고백하며 기도합니다.)

✓ **회개와 감사 및 간구기도** (말씀으로 깨달은 회개의 내용과 중보의 제목으로 기도합니다.)

✓ **감사일기**　　**일째**

_____
_____

말씀묵상 및 필사 (반복해서 본문을 읽고 묵상한 후 필사합니다.)

· 도움을 구하러 애굽으로 내려가는 자들은 화 있을진저 그들은 말을 의지하며 병거의 많음과 마병의 심히 강함을 의지하고 이스라엘의 거룩하신 이를 앙모하지 아니하며 여호와를 구하지 아니하나니 (사 31:1)

· 너희 믿음이 사람의 지혜에 있지 아니하고 다만 하나님의 능력에 있게 하려 하였노라 (고전 2:5)

_____
_____
_____
_____
_____
_____
_____
_____

✓ 말씀으로 드리는 고백기도

  세상에 소망이 있는 줄 알고 살아왔던 지난 날을 회개합니다. 하나님을 의지하지 않고 세상의 명예와 재물과 힘을 의지했습니다. 믿음이 없었습니다. 주님의 사랑과 능력 안에서 다시 믿음으로 일어서게 하소서. 하나님의 능력만을 신뢰하는 자로 세워주소서.

✓ 하나님의 성품을 묵상하는 침묵기도 (말씀을 통해 발견한 하나님의 성품을 고백하며 기도합니다.)

✓ 회개와 감사 및 간구기도 (말씀으로 깨달은 회개의 내용과 중보의 제목으로 기도합니다.)

✓ 감사일기   일째

말씀묵상 및 필사 (반복해서 본문을 읽고 묵상한 후 필사합니다.)

· 너희는 옷을 찢지 말고 마음을 찢고 너희 하나님 여호와께로 돌아올지어다 그는 은혜로우시며 자비로우시며 노하기를 더디하시며 인애가 크시사 뜻을 돌이켜 재앙을 내리지 아니하시나니 (욜 2:13)

· 이르시되 때가 찼고 하나님의 나라가 가까이 왔으니 회개하고 복음을 믿으라 하시더라 (막 1:15)

_____

_____

_____

_____

_____

_____

_____

_____

✓ 말씀으로 드리는 고백기도

주님의 보좌 앞으로 회개하며 담대히 나아갑니다. 은혜로우시고 자비로우시고 노하기를 더디하시는 주님께서 우리를 용서하실 것을 믿습니다. 회개를 주저하지 않게 하소서. 멈춰 선 채로 아무 것도 하지 않는 어리석은 자가 되지 않게 하소서.

✓ 하나님의 성품을 묵상하는 침묵기도 (말씀을 통해 발견한 하나님의 성품을 고백하며 기도합니다.)

✓ 회개와 감사 및 간구기도 (말씀으로 깨달은 회개의 내용과 중보의 제목으로 기도합니다.)

✓ 감사일기   일째

_____

_____

말씀묵상 및 필사 (반복해서 본문을 읽고 묵상한 후 필사합니다.)

· 보라 전에 예언한 일이 이미 이루어졌느니라 이제 내가 새 일을 알리노라 그 일이 시작되기 전에라도 너희에게 이르노라 (사 42:9)

· 다시 내가 너희에게 새 계명을 쓰노니 그에게와 너희에게도 참된 것이라 이는 어둠이 지나가고 참빛이 벌써 비침이니라 (요일 2:8)

_____
_____
_____
_____
_____
_____
_____
_____
_____

✓ 말씀으로 드리는 고백기도

창조의 하나님, 주님 안에서 날마다 새롭습니다. 약속하신 뜻대로 우리의 죄를 씻으시고 창조와 생명과 사랑의 빛으로 채우시는 하나님을 찬양합니다. 주님을 향한 믿음을 굳건하게 하시고, 주님의 영광에 참여하게 하소서.

✓ 하나님의 성품을 묵상하는 침묵기도 (말씀을 통해 발견한 하나님의 성품을 고백하며 기도합니다.)

✓ 회개와 감사 및 간구기도 (말씀으로 깨달은 회개의 내용과 중보의 제목으로 기도합니다.)

✓ 감사일기   일째

_____
_____

✔ **한 주간의 영성훈련을 점검합니다.** (참여가 어려웠던 이유를 기록한 후 개선할 내용을 적어봅시다.)

☐ 1년 성경통독   ☐ 말씀묵상 및 필사   ☐ 침묵기도

☐ 감사와 회개의 기도   ☐ 감사일기   *열심히 참여 (○), 조금 부족 (△), 참여 못함 (×)

✔ **순례자의 노트를 작성하는 동안 가장 은혜로웠던 순간을 적어보세요.**

_____

_____

_____

_____

_____

_____

_____

_____

_____

_____

✔ (1인)   **가정예배**

· 사도신경   · 찬송 : 419장 (주 날개 밑 내가 편안히 쉬네)

· 성경읽기 : 누가복음 1장 26-38절 · 기도 : 본인 또는 가족 중   · 주기도문

1. 14. (일)

✔ **주일설교 묵상**

_____

_____

_____

_____

_____

_____

말씀묵상 및 필사 (반복해서 본문을 읽고 묵상한 후 필사합니다.)

· 여호와께서 그에게 이르시되 너는 안심하라 두려워하지 말라 죽지 아니하리라 하시니라 기드
온이 여호와를 위하여 거기서 제단을 쌓고 그것을 여호와 살롬이라 하였더라 그것이 오늘까지
아비에셀 사람에게 속한 오브라에 있더라 (삿 6:23-24)

· 이것을 너희에게 이르는 것은 너희로 내 안에서 평안을 누리게 하려 함이라 세상에서는 너희
가 환난을 당하나 담대하라 내가 세상을 이기었노라 (요 16:33)

✓ 말씀으로 드리는 고백기도

우리는 너무 연약합니다. 앞을 알 수 없어 불안합니다. 평안을 주시는 하나님, 우리를 안아주소
서. 주님의 품에서 살롬을 누리게 하소서. 주님을 경외하는 자에게 피난처가 되어주소서.

✓ 하나님의 성품을 묵상하는 침묵기도 (말씀을 통해 발견한 하나님의 성품을 고백하며 기도합니다.)

✓ 회개와 감사 및 간구기도 (말씀으로 깨달은 회개의 내용과 중보의 제목으로 기도합니다.)

✓ 감사일기   일째

말씀묵상 및 필사 (반복해서 본문을 읽고 묵상한 후 필사합니다.)

· 너희의 하나님이 이르시되 너희는 위로하라 내 백성을 위로하라 (사 40:1)

· 어두운 데에 빛이 비치라 말씀하셨던 그 하나님께서 예수 그리스도의 얼굴에 있는 하나님의
  영광을 아는 빛을 우리 마음에 비추셨느니라 (고후 4:6)

_____

_____

_____

_____

_____

_____

_____

_____

_____

✓ 말씀으로 드리는 고백기도

  빛 되신 우리 주님과 함께 생명의 길을 걸어갑니다. 주님의 명령에 순종하며 빛의 위로자로 세상
을 향하게 하소서. 어둠과 죄악, 숨은 허물 속에서 있는 자들에게 주님의 빛을 전하게 하소서.

✓ 하나님의 성품을 묵상하는 침묵기도 (말씀을 통해 발견한 하나님의 성품을 고백하며 기도합니다.)

✓ 회개와 감사 및 간구기도 (말씀으로 깨달은 회개의 내용과 중보의 제목으로 기도합니다.)

✓ 감사일기   일째

_____

_____

말씀묵상 및 필사 (반복해서 본문을 읽고 묵상한 후 필사합니다.)

· 그 영화로운 이름을 영원히 찬송할지어다 온 땅에 그의 영광이 충만할지어다 아멘 아멘
(시 72:19)

· 또 이르시되 너희는 온 천하에 다니며 만민에게 복음을 전파하라 (막 16:15)

✓ 말씀으로 드리는 고백기도

온 땅과 만물의 주인이신 여호와 하나님을 찬송합니다. 주님의 찬란한 영광의 빛이 이 땅에 충만하기를 소망합니다. 빛으로 오신 예수 그리스도를 기쁨으로 선포하게 하소서.

✓ 하나님의 성품을 묵상하는 침묵기도 (말씀을 통해 발견한 하나님의 성품을 고백하며 기도합니다.)

✓ 회개와 감사 및 간구기도 (말씀으로 깨달은 회개의 내용과 중보의 제목으로 기도합니다.)

✓ 감사일기   일째

말씀묵상 및 필사 (반복해서 본문을 읽고 묵상한 후 필사합니다.)

· 너희는 스스로 삼가라 두렵건대 마음에 미혹하여 돌이켜 다른 신들을 섬기며 그것에게 절하므로 (신 11:16)

· 그러나 우리에게는 한 하나님 곧 아버지가 계시니 만물이 그에게서 났고 우리도 그를 위하여 있고 또한 한 주 예수 그리스도께서 계시니 만물이 그로 말미암고 우리도 그로 말미암아 있느니라 (고전 8:6)

_____

_____

_____

_____

_____

_____

_____

✓ 말씀으로 드리는 고백기도

삼위일체 하나님의 완전하신 사랑과 능력과 거룩하심을 믿습니다. 세상의 거짓 신들을 따라 살지 않고 유일하신 하나님 안에 머물게 하소서. 성령 하나님, 믿음이 흔들리지 않도록 붙들어 주소서.

✓ 하나님의 성품을 묵상하는 침묵기도 (말씀을 통해 발견한 하나님의 성품을 고백하며 기도합니다.)

✓ 회개와 감사 및 간구기도 (말씀으로 깨달은 회개의 내용과 중보의 제목으로 기도합니다.)

✓ 감사일기　　일째

_____

_____

말씀묵상 및 필사 (반복해서 본문을 읽고 묵상한 후 필사합니다.)

· 여호와여 위대하심과 권능과 영광과 승리와 위엄이 다 주께 속하였사오니 천지에 있는 것이
 다 주의 것이로소이다 여호와여 주권도 주께 속하였사오니 주는 높으사 만물의 머리이심이니
 이다 (대상 29:11)

· 오직 사랑 안에서 참된 것을 하여 범사에 그에게까지 자랄지라 그는 머리니 곧 그리스도라
 (엡 4:15)

_____

_____

_____

_____

_____

_____

_____

_____

✓ 말씀으로 드리는 고백기도
 우리를 구속하신 하나님의 주권을 찬양하며 주님의 권능을 높여드립니다. 사망에서 생명으로
우리를 옮기신 그리스도께 마음을 고정하고 주님께서 가르치신 삶의 방식을 따라 살겠습니다. 주
님, 믿음의 삶에 진보가 있게 하소서.

✓ 하나님의 성품을 묵상하는 침묵기도 (말씀을 통해 발견한 하나님의 성품을 고백하며 기도합니다.)

✓ 회개와 감사 및 간구기도 (말씀으로 깨달은 회개의 내용과 중보의 제목으로 기도합니다.)

✓ 감사일기   일째

_____

_____

✔ **한 주간의 영성훈련을 점검합니다.** (참여가 어려웠던 이유를 기록한 후 개선할 내용을 적어봅시다.)

☐ 1년 성경통독　　　☐ 말씀묵상 및 필사　　　☐ 침묵기도

☐ 감사와 회개의 기도　☐ 감사일기　　　*열심히 참여 (○), 조금 부족 (△), 참여 못함 (×)

✔ **순례자의 노트를 작성하는 동안 가장 은혜로웠던 순간을 적어보세요.**

_____
_____
_____
_____
_____
_____
_____
_____
_____

✔ (1인)　**가정예배**

· 사도신경　　　　　　　　· 찬송 : 288장 (예수를 나의 구주삼고)
· 성경읽기 : 누가복음 2장 1-7절　· 기도 : 본인 또는 가족 중　　　· 주기도문

✔ **주일설교 묵상**

_____
_____
_____
_____
_____
_____

말씀묵상 및 필사 (반복해서 본문을 읽고 묵상한 후 필사합니다.)

· 대저 여호와는 우리 재판장이시요 여호와는 우리에게 율법을 세우신 이요 여호와는 우리의 왕이시니 그가 우리를 구원하실 것임이라 (사 33:22)

· 곧 그 아이의 아버지가 소리를 질러 이르되 내가 믿나이다 나의 믿음 없는 것을 도와 주소서 하더라 (막 9:24)

_____

_____

_____

_____

_____

_____

_____

_____

✓ 말씀으로 드리는 고백기도

긍휼이 풍성하신 하나님, 우리의 목소리를 들으시는 줄 믿습니다. 인생의 길이 오직 주님의 선하신 계획과 섭리 안에 있음을 믿습니다. 연약하고 무지한 우리를 불쌍히 여기시고 온전히 주님을 따라갈 수 있도록 인도하소서. 주님만을 바라봅니다. 도와주소서.

✓ 하나님의 성품을 묵상하는 침묵기도 (말씀을 통해 발견한 하나님의 성품을 고백하며 기도합니다.)

✓ 회개와 감사 및 간구기도 (말씀으로 깨달은 회개의 내용과 중보의 제목으로 기도합니다.)

✓ 감사일기   일째

_____

_____

말씀묵상 및 필사 (반복해서 본문을 읽고 묵상한 후 필사합니다.)

· 할렐루야 여호와께 감사하라 그는 선하시며 그 인자하심이 영원함이로다 (시 106:1)

· 또 무엇을 하든지 말에나 일에나 다 주 예수의 이름으로 하고 그를 힘입어 하나님 아버지께 감사하라 (골 3:17)

_____

_____

_____

_____

_____

_____

_____

_____

_____

_____

✓ 말씀으로 드리는 고백기도

주님의 이름을 부르며 주님의 능력과 일하심을 찬양합니다. 언제나 선하신 손길로 우리와 함께 하시는 주님께 감사와 찬양을 올려드립니다. 우리의 삶에 내가 아니라 오직 주님의 이름만이 나타나게 하소서.

✓ 하나님의 성품을 묵상하는 침묵기도 (말씀을 통해 발견한 하나님의 성품을 고백하며 기도합니다.)

✓ 회개와 감사 및 간구기도 (말씀으로 깨달은 회개의 내용과 중보의 제목으로 기도합니다.)

✓ 감사일기   **일째**

_____

_____

말씀묵상 및 필사 (반복해서 본문을 읽고 묵상한 후 필사합니다.)

· 아브람이 롯에게 이르되 우리는 한 친족이라 나나 너나 내 목자나 네 목자나 서로 다투게 하지 말자 (창 13:8)

· 너희가 사람의 잘못을 용서하면 너희 하늘 아버지께서도 너희 잘못을 용서하시려니와 (마 6:14)

✓ 말씀으로 드리는 고백기도

주님의 용서를 배우게 하소서. 악을 갚겠다 하는 자가 아니라 주님의 용서하심을 따라 용서하는 자가 되게 하소서. 어떤 상황 속에서도 여호와의 일하심을 기다리며 항상 선을 행하게 하소서.

✓ 하나님의 성품을 묵상하는 침묵기도 (말씀을 통해 발견한 하나님의 성품을 고백하며 기도합니다.)

✓ 회개와 감사 및 간구기도 (말씀으로 깨달은 회개의 내용과 중보의 제목으로 기도합니다.)

✓ 감사일기   일째

말씀묵상 및 필사 (반복해서 본문을 읽고 묵상한 후 필사합니다.)

· 주 여호와여 주께서 주의 크심과 주의 권능을 주의 종에게 나타내시기를 시작하셨사오니 천지간에 어떤 신이 능히 주께서 행하신 일 곧 주의 큰 능력으로 행하신 일 같이 행할 수 있으리이까 (신 3:24)

· 그러므로 너희 마음의 허리를 동이고 근신하여 예수 그리스도께서 나타나실 때에 너희에게 가져다 주실 은혜를 온전히 바랄지어다 (벧전 1:13)

_____

_____

_____

_____

_____

_____

_____

_____

✓ 말씀으로 드리는 고백기도

하나님 보좌 우편에 계신 주님께서 다시 오실 것을 믿습니다. 세상을 심판하시고 영원히 우리와 함께 하실 천국 소망이 주님께 있음을 고백합니다. 주님을 기다리며 끝까지 거룩한 자로 살아가게 하소서.

✓ 하나님의 성품을 묵상하는 침묵기도 (말씀을 통해 발견한 하나님의 성품을 고백하며 기도합니다.)

✓ 회개와 감사 및 간구기도 (말씀으로 깨달은 회개의 내용과 중보의 제목으로 기도합니다.)

✓ 감사일기   일째

_____

_____

말씀묵상 및 필사 (반복해서 본문을 읽고 묵상한 후 필사합니다.)

· 내가 깨달은 것은 오직 이것이라 곧 하나님은 사람을 정직하게 지으셨으나 사람이 많은 꾀들을 낸 것이니라 (전 7:29)

· 그러므로 예수께서 자기를 믿은 유대인들에게 이르시되 너희가 내 말에 거하면 참으로 내 제자가 되고 진리를 알지니 진리가 너희를 자유롭게 하리라 (요 8:31-32)

_____

_____

_____

_____

_____

_____

_____

✓ 말씀으로 드리는 고백기도

진리의 하나님, 우리는 주님 안에 있을 때에만 참 자유를 누릴 수 있습니다. 십자가로 회복된 자만이 헛되고 허망한 길에서 벗어나는 줄 믿습니다. 인생을 낭비하지 않게 하소서. 주님을 꼭 붙잡고 길과 진리와 생명의 길로 나아가게 하소서.

✓ 하나님의 성품을 묵상하는 침묵기도 (말씀을 통해 발견한 하나님의 성품을 고백하며 기도합니다.)

✓ 회개와 감사 및 간구기도 (말씀으로 깨달은 회개의 내용과 중보의 제목으로 기도합니다.)

✓ 감사일기   일째

_____

_____

✔ **한 주간의 영성훈련을 점검합니다.** (참여가 어려웠던 이유를 기록한 후 개선할 내용을 적어봅시다.)

☐ 1년 성경통독　　　☐ 말씀묵상 및 필사　　　☐ 침묵기도

☐ 감사와 회개의 기도　☐ 감사일기　　　*열심히 참여 (○), 조금 부족 (△), 참여 못함 (×)

✔ **순례자의 노트를 작성하는 동안 가장 은혜로웠던 순간을 적어보세요.**

_____
_____
_____
_____
_____
_____
_____
_____
_____

✔ **(1인)**　**가정예배**

· 사도신경　　　　　　　　· 찬송 : 270장 (변찮는 주님의 사랑과)

· 성경읽기 : 누가복음 2장 8-20절　· 기도 : 본인 또는 가족 중　　　· 주기도문

1. 28. (일)

✔ **주일설교 묵상**

_____
_____
_____
_____
_____
_____

말씀묵상 및 필사 (반복해서 본문을 읽고 묵상한 후 필사합니다.)

· 내가 산의 뿌리까지 내려갔사오며 땅이 그 빗장으로 나를 오래도록 막았사오나 나의 하나님 여호와여 주께서 내 생명을 구덩이에서 건지셨나이다 (욘 2:6)

· 미쁘다 모든 사람이 받을 만한 이 말이여 그리스도 예수께서 죄인을 구원하시려고 세상에 임하셨다 하였도다 죄인 중에 내가 괴수니라 (딤전 1:15)

✓ 말씀으로 드리는 고백기도

인내와 사랑의 하나님, 오직 주님의 은혜로 구원을 받았습니다. 아무런 공로도 없이 오직 주님의 사랑으로 방황하고 죄 많은 삶에서 건짐을 받았습니다. 아직 주님을 모르는 자에게 생명이신 주님과 그 사랑을 전하게 하소서.

✓ 하나님의 성품을 묵상하는 침묵기도 (말씀을 통해 발견한 하나님의 성품을 고백하며 기도합니다.)

✓ 회개와 감사 및 간구기도 (말씀으로 깨달은 회개의 내용과 중보의 제목으로 기도합니다.)

✓ 감사일기   일째

말씀묵상 및 필사 (반복해서 본문을 읽고 묵상한 후 필사합니다.)

· 내 발이 평탄한 데에 섰사오니 무리 가운데에서 여호와를 송축하리이다 (시 26:12)

· 서로 돌아보아 사랑과 선행을 격려하며 모이기를 폐하는 어떤 사람들의 습관과 같이 하지 말고 오직 권하여 그 날이 가까움을 볼수록 더욱 그리하자 (히 10:24-25)

_____

_____

_____

_____

_____

_____

_____

_____

_____

_____

✓ 말씀으로 드리는 고백기도

　우리에게 주님의 몸 된 공동체를 허락하신 하나님께 감사드립니다. 하나님의 사랑과 예수 그리스도만을 나누고 전하고 찬양하는 공동체가 되게 하소서. 세상이 줄 수 없는 기쁨과 즐거움이 넘치는 공동체가 되게 하소서.

✓ 하나님의 성품을 묵상하는 침묵기도 (말씀을 통해 발견한 하나님의 성품을 고백하며 기도합니다.)

✓ 회개와 감사 및 간구기도 (말씀으로 깨달은 회개의 내용과 중보의 제목으로 기도합니다.)

✓ 감사일기　　일째

_____

_____

말씀묵상 및 필사 (반복해서 본문을 읽고 묵상한 후 필사합니다.)

· 하늘의 하나님 여호와께서 나를 내 아버지의 집과 내 고향 땅에서 떠나게 하시고 내게 말씀하
시며 내게 맹세하여 이르시기를 이 땅을 네 씨에게 주리라 하셨으니 그가 그 사자를 너보다 앞
서 보내실지라 네가 거기서 내 아들을 위하여 아내를 택할지니라 (창 24:7)

· 천사가 이르되 띠를 띠고 신을 신으라 하거늘 베드로가 그대로 하니 천사가 또 이르되 겉옷을
입고 따라오라 한대 (행 12:8)

✓ 말씀으로 드리는 고백기도

　하나님의 섭리적 은혜를 깨닫게 하소서. 모든 일이 주님의 주권과 능력 안에서 이루어 지는 일임
을 신뢰하게 하소서. 성령님, 우리가 다 알 수 없는 하나님의 때와 방법을 기다리는 인내와 순종을
배우게 하소서.

✓ 하나님의 성품을 묵상하는 침묵기도 (말씀을 통해 발견한 하나님의 성품을 고백하며 기도합니다.)

✓ 회개와 감사 및 간구기도 (말씀으로 깨달은 회개의 내용과 중보의 제목으로 기도합니다.)

✓ 감사일기　　　일째

Feb.

재의 수요일
사순절

그리스도인은 누구나 성경과 함께 하는 삶을 원합니다. 하지만 기대하는 것과는 달리 이를 해결할 수 있는 혁신적인 방법은 없습니다. 하나님이 기뻐하시는 성경적인 삶을 위해서는 말씀을 깊이 이해하려는 능동적인 노력과 철저히 성령님의 조명을 의지하려는 자세가 필요합니다. 우리가 할 수 있는 최선의 일은 성경을 삶에 적용하고자 했던 성경 속 인물들과 신앙의 선배들이 가진 묵상의 방법, 교회 공동체의 경험들을 나의 삶에 적용해서 자신만의 묵상법을 찾고 확장하는 것입니다.

말씀묵상 및 필사 (반복해서 본문을 읽고 묵상한 후 필사합니다.)

· 나아만이 이르되 그러면 청하건대 노새 두 마리에 실을 흙을 당신의 종에게 주소서 이제부터는 종이 번제물과 다른 희생제사를 여호와 외 다른 신에게는 드리지 아니하고 다만 여호와께 드리겠나이다 (왕하 5:17)

· 또 아는 것은 하나님의 아들이 이르러 우리에게 지각을 주사 우리로 참된 자를 알게 하신 것과 또한 우리가 참된 자 곧 그의 아들 예수 그리스도 안에 있는 것이니 그는 참 하나님이시요 영생이시라 자녀들아 너희 자신을 지켜 우상에게서 멀리하라 (요일 5:20-21)

_____
_____
_____
_____
_____
_____
_____

✓ 말씀으로 드리는 고백기도

우리를 예배자로 지으신 주님, 오직 한 분이신 하나님께 기쁨과 찬양으로 예배하게 하소서. 하나님의 사랑과 십자가의 은혜와 성령의 기름 부으심이 우리의 예배 가운데에 넘치게 하소서. 길과 진리와 생명이 되시는 주님만을 신뢰합니다.

✓ 하나님의 성품을 묵상하는 침묵기도 (말씀을 통해 발견한 하나님의 성품을 고백하며 기도합니다.)

✓ 회개와 감사 및 간구기도 (말씀으로 깨달은 회개의 내용과 중보의 제목으로 기도합니다.)

✓ 감사일기   일째

_____
_____

말씀묵상 및 필사 (반복해서 본문을 읽고 묵상한 후 필사합니다.)

· 하나님은 우리의 피난처시요 힘이시니 환난 중에 만날 큰 도움이시라 그러므로 땅이 변하든지 산이 흔들려 바다 가운데에 빠지든지 (시 46:1-2)

· 그러므로 내가 그리스도를 위하여 약한 것들과 능욕과 궁핍과 박해와 곤고를 기뻐하노니 이는 내가 약한 그 때에 강함이라 (고후 12:10)

_____

_____

_____

_____

_____

_____

_____

_____

✓ 말씀으로 드리는 고백기도

  주님, 주님을 경외하는 자에게 친히 피난처가 되어 주심을 믿습니다. 주님을 의지하는 자에게 능력이 되어 주심을 신뢰합니다. 내가 약할 때 강함이 되어 주시는 주님의 손길을 의지하며 살아가게 하소서.

✓ 하나님의 성품을 묵상하는 침묵기도 (말씀을 통해 발견한 하나님의 성품을 고백하며 기도합니다.)

✓ 회개와 감사 및 간구기도 (말씀으로 깨달은 회개의 내용과 중보의 제목으로 기도합니다.)

✓ 감사일기   일째

_____

_____

✔ **한 주간의 영성훈련을 점검합니다.** (참여가 어려웠던 이유를 기록한 후 개선할 내용을 적어봅시다.)

□ 1년 성경통독   □ 말씀묵상 및 필사   □ 침묵기도

□ 감사와 회개의 기도   □ 감사일기   *열심히 참여 (○), 조금 부족 (△), 참여 못함 (×)

✔ **순례자의 노트를 작성하는 동안 가장 은혜로웠던 순간을 적어보세요.**

_____

_____

_____

_____

_____

_____

_____

_____

_____

✔ **(1인)** **가정예배**

· 사도신경   · 찬송 : 214장 (나 주의 도움 받고자)

· 성경읽기 : 마태복음 2장 1-23절   · 기도 : 본인 또는 가족 중   · 주기도문

2. 4. (일)

✔ **주일설교 묵상**

_____

_____

_____

_____

_____

_____

말씀묵상 및 필사 (반복해서 본문을 읽고 묵상한 후 필사합니다.)

· 이르되 주여 내가 주께 은총을 입었거든 원하건대 주는 우리와 동행하옵소서 이는 목이 뻣뻣
한 백성이니이다 우리의 악과 죄를 사하시고 우리를 주의 기업으로 삼으소서 (출 34:9)

· 또 미리 정하신 그들을 또한 부르시고 부르신 그들을 또한 의롭다 하시고 의롭다 하신 그들을
또한 영화롭게 하셨느니라 (롬 8:30)

_____

_____

_____

_____

_____

_____

_____

_____

_____

✓ 말씀으로 드리는 고백기도

전능하신 하나님 앞에 뻣뻣한 목을 하고 서 있는 존재가 되지 않게 하소서. 거룩하신 주님 앞에
가슴을 치며 은혜를 구합니다. 주님, 우리를 불쌍히 여기소서. 주님께서 의롭다 여겨주신 은혜를
가볍게 여기지 않게 하소서.

✓ 하나님의 성품을 묵상하는 침묵기도 (말씀을 통해 발견한 하나님의 성품을 고백하며 기도합니다.)

✓ 회개와 감사 및 간구기도 (말씀으로 깨달은 회개의 내용과 중보의 제목으로 기도합니다.)

✓ 감사일기   일째

_____

_____

말씀묵상 및 필사 (반복해서 본문을 읽고 묵상한 후 필사합니다.)

· 주여 사람이 사는 것이 이에 있고 내 심령의 생명도 온전히 거기에 있사오니 원하건대 나를 치
  료하시며 나를 살려 주옵소서 (사 38:16)

· 예수의 소문을 듣고 무리 가운데 끼어 뒤로 와서 그의 옷에 손을 대니 이는 내가 그의 옷에만
  손을 대어도 구원을 받으리라 생각함일러라 예수께서 이르시되 딸아 네 믿음이 너를 구원하였
  으니 평안히 가라 네 병에서 놓여 건강할지어다 (막 5:27-28,34)

_____

_____

_____

_____

_____

_____

_____

_____

✓ **말씀으로 드리는 고백기도**

  삶의 근원 되시는 하나님, 우리의 삶에 시작과 끝이 아버지께 있음을 고백합니다. 죄로부터 시작
된 상처와 허물과 아픔을 해결해 주소서. 겸손하게 주님께 나아온 자를 외면하지 않으신 주님을
바라봅니다. 우리의 가장 깊숙한 곳으로부터 하나님의 은혜를 경험하게 하소서. 우리의 회복은 오
직 주님의 손에 있음을 믿습니다.

✓ **하나님의 성품을 묵상하는 침묵기도** (말씀을 통해 발견한 하나님의 성품을 고백하며 기도합니다.)

✓ **회개와 감사 및 간구기도** (말씀으로 깨달은 회개의 내용과 중보의 제목으로 기도합니다.)

✓ **감사일기   일째**

_____

_____

말씀묵상 및 필사 (반복해서 본문을 읽고 묵상한 후 필사합니다.)

· 내 이름을 멸시하는 제사장들아 나 만군의 여호와가 너희에게 이르기를 아들은 그 아버지를, 종은 그 주인을 공경하나니 내가 아버지일진대 나를 공경함이 어디 있느냐 내가 주인일진대 나를 두려워함이 어디 있느냐 하나 너희는 이르기를 우리가 어떻게 주의 이름을 멸시하였나이까 하는도다 (말 1:6)

· 영원하신 왕 곧 썩지 아니하고 보이지 아니하고 홀로 하나이신 하나님께 존귀와 영광이 영원 무궁하도록 있을지어다 아멘 (딤전 1:17)

_____

_____

_____

_____

_____

_____

_____

_____

✓ 말씀으로 드리는 고백기도

우리의 내면 깊은 곳으로부터 아버지를 향한 진실된 사랑과 경외가 나타나기를 소원합니다. 외식과 교만으로 여호와 하나님을 기만한 죄를 용서하소서. 온전한 믿음과 거룩한 삶으로 주님을 예배하기를 원합니다. 성령님, 도와주소서.

✓ 하나님의 성품을 묵상하는 침묵기도 (말씀을 통해 발견한 하나님의 성품을 고백하며 기도합니다.)

✓ 회개와 감사 및 간구기도 (말씀으로 깨달은 회개의 내용과 중보의 제목으로 기도합니다.)

✓ 감사일기   일째

_____

_____

말씀묵상 및 필사 (반복해서 본문을 읽고 묵상한 후 필사합니다.)

· 상한 갈대를 꺾지 아니하며 꺼져가는 등불을 끄지 아니하고 진실로 정의를 시행할 것이며 (사 42:3)

· 예수께서 들으시고 그들에게 이르시되 건강한 자에게는 의사가 쓸 데 없고 병든 자에게라야 쓸 데 있느니라 나는 의인을 부르러 온 것이 아니요 죄인을 부르러 왔노라 하시니라 (막 2:17)

✓ **말씀으로 드리는 고백기도**

　주님, 곤고할 때 주님의 이름을 더욱 간절히 부릅니다. 부르짖는 소리를 외면하지 않으시는 주님을 바라봅니다. 긍휼이 풍성하신 주님을 의지합니다. 주님만이 상한 곳을 고치시고 구원을 이루시는 분임을 믿습니다. 우리를 불쌍히 여겨 주소서.

✓ **하나님의 성품을 묵상하는 침묵기도** (말씀을 통해 발견한 하나님의 성품을 고백하며 기도합니다.)

✓ **회개와 감사 및 간구기도** (말씀으로 깨달은 회개의 내용과 중보의 제목으로 기도합니다.)

✓ **감사일기   일째**

말씀묵상 및 필사 (반복해서 본문을 읽고 묵상한 후 필사합니다.)

· 내가 너희를 모든 더러운 데에서 구원하고 곡식이 풍성하게 하여 기근이 너희에게. 닥치지 아니하게 할 것이며 (겔 36:29)

· 너희가 알거니와 너희 조상이 물려 준 헛된 행실에서 대속함을 받은 것은 은이나 금 같이 없어질 것으로 된 것이 아니요 오직 흠 없고 점 없는 어린 양 같은 그리스도의 보배로운 피로 된 것이니라 (벧전 1:18-19)

_____

_____

_____

_____

_____

_____

✓ **말씀으로 드리는 고백기도**

하나님 아버지, 죄를 알지도 못하신 이를 우리를 대신하여 죄로 삼으셨습니다. 아무 공로 없는 우리를 그의 십자가로 하나님의 의가 되게 해 주셨습니다. 오늘도 십자가를 지신 주님 앞으로 나아갑니다. 우리를 새롭게 하소서.

✓ **하나님의 성품을 묵상하는 침묵기도** (말씀을 통해 발견한 하나님의 성품을 고백하며 기도합니다.)

✓ **회개와 감사 및 간구기도** (말씀으로 깨달은 회개의 내용과 중보의 제목으로 기도합니다.)

✓ **감사일기**   **일째**

_____

_____

✔ **한 주간의 영성훈련을 점검합니다.** (참여가 어려웠던 이유를 기록한 후 개선할 내용을 적어봅시다.)

☐ 1년 성경통독   ☐ 말씀묵상 및 필사   ☐ 침묵기도

☐ 감사와 회개의 기도   ☐ 감사일기   *열심히 참여 (○), 조금 부족 (△), 참여 못함 (×)

✔ **순례자의 노트를 작성하는 동안 가장 은혜로웠던 순간을 적어보세요.**

_____

_____

_____

_____

_____

_____

_____

_____

✔ **(1인)   가정예배**

· 사도신경   · 찬송 : 183장 (빈 들에 마른 풀 같이)

· 성경읽기 : 누가복음 2장 41-52절 · 기도 : 본인 또는 가족 중   · 주기도문

2. 11. (일)

✔ **주일설교 묵상**

_____

_____

_____

_____

_____

말씀묵상 및 필사 (반복해서 본문을 읽고 묵상한 후 필사합니다.)

· 여호와여 나의 발이 미끄러진다고 말할 때에 주의 인자하심이 나를 붙드셨사오며 (시 94:18)

· 그러므로 우리는 긍휼하심을 받고 때를 따라 돕는 은혜를 얻기 위하여 은혜의 보좌 앞에 담대히 나아갈 것이니라 (히 4:16)

_____

_____

_____

_____

_____

_____

_____

_____

_____

_____

✔ 말씀으로 드리는 고백기도

우리와 가까이 계시는 하나님, 모든 형편과 상황을 아시는 주님께 오늘도 나아갑니다. 불쌍히 여기시고 은혜를 베풀어 주소서. 우리에게 허락하신 구원으로 기쁨과 승리의 찬양을 드리게 하소서. 하나님의 능력을 맛보기를 원합니다.

✔ 하나님의 성품을 묵상하는 침묵기도 (말씀을 통해 발견한 하나님의 성품을 고백하며 기도합니다.)

✔ 회개와 감사 및 간구기도 (말씀으로 깨달은 회개의 내용과 중보의 제목으로 기도합니다.)

✔ 감사일기   일째

_____

_____

말씀묵상 및 필사 (반복해서 본문을 읽고 묵상한 후 필사합니다.)

· 그러나 노아는 여호와께 은혜를 입었더라 (창 6:8)

· 또 그 때에 그가 천사들을 보내어 자기가 택하신 자들을 땅 끝으로부터 하늘 끝까지 사방에서 모으리라 (막 13:27)

_____

_____

_____

_____

_____

_____

_____

_____

_____

✔ 말씀으로 드리는 고백기도

택하신 자녀들을 통해 구원의 역사를 이루시는 하나님 아버지를 찬송합니다. 고난과 형통함도 모두 하나님 안에 있음을 믿음으로 고백합니다. 하나님의 뜻만이 완전하시니, 주님을 따르는 자에게는 순종과 찬양만이 있습니다. 아버지의 뜻을 이루소서.

✔ 하나님의 성품을 묵상하는 침묵기도 (말씀을 통해 발견한 하나님의 성품을 고백하며 기도합니다.)

✔ 회개와 감사 및 간구기도 (말씀으로 깨달은 회개의 내용과 중보의 제목으로 기도합니다.)

✔ 감사일기   일째

_____

_____

말씀묵상 및 필사 (반복해서 본문을 읽고 묵상한 후 필사합니다.)

· 여호와의 손이 짧아 구원하지 못하심도 아니요 귀가 둔하여 듣지 못하심도 아니라 오직 너희 죄악이 너희와 너희 하나님 사이를 갈라 놓았고 너희 죄가 그의 얼굴을 가리어서 너희에게서 듣지 않으시게 함이니라 (사 59:1-2)

· 불의한 자가 하나님의 나라를 유업으로 받지 못할 줄을 알지 못하느냐 미혹을 받지 말라 음행하는 자나 우상 숭배하는 자나 간음하는 자나 탐색하는 자나 남색하는 자나 (고전 6:9)

_____

_____

_____

_____

_____

_____

_____

_____

✓ 말씀으로 드리는 고백기도

주님의 은혜를 망각하고 하나님을 저버렸던 날들을 돌아봅니다. 어둠에 머물게 하는 사탄의 유혹을 멀리하게 하소서. 유혹과 의심 속에 서 있던 우리에게 다시 은혜를 주시고 믿음을 굳게 하소서. 죄로부터 자유케 하시는 예수 그리스도의 은혜를 찬양합니다.

✓ 하나님의 성품을 묵상하는 침묵기도 (말씀을 통해 발견한 하나님의 성품을 고백하며 기도합니다.)

✓ 회개와 감사 및 간구기도 (말씀으로 깨달은 회개의 내용과 중보의 제목으로 기도합니다.)

✓ 감사일기   일째

_____

_____

말씀묵상 및 필사 (반복해서 본문을 읽고 묵상한 후 필사합니다.)

· 높이 계신 여호와의 능력은 많은 물 소리와 바다의 큰 파도보다 크니이다 (시 93:4)

· 예수께서 깨어 바람을 꾸짖으시며 바다더러 이르시되 잠잠하라 고요하라 하시니 바람이 그치고 아주 잔잔하여지더라 (막 4:39)

_____

_____

_____

_____

_____

_____

_____

_____

_____

_____

✓ 말씀으로 드리는 고백기도

만물을 지으시고 다스리시는 아버지 하나님, 믿음이 연약한 우리를 불쌍히 여겨 주소서. 능력의 하나님께서 인생의 여정에 함께 계시니 두려워하지 않겠습니다. 구원의 손으로 우리를 붙드소서. 절망하고 낙심하지 않겠나이다.

✓ 하나님의 성품을 묵상하는 침묵기도 (말씀을 통해 발견한 하나님의 성품을 고백하며 기도합니다.)

✓ 회개와 감사 및 간구기도 (말씀으로 깨달은 회개의 내용과 중보의 제목으로 기도합니다.)

✓ 감사일기   일째

_____

_____

말씀묵상 및 필사 (반복해서 본문을 읽고 묵상한 후 필사합니다.)

· 그러하온즉 우리 하나님이여 지금 주의 종의 기도와 간구를 들으시고 주를 위하여 주의 얼굴 빛을 주의 황폐한 성소에 비추시옵소서 (단 9:17)

· 너희는 사도들과 선지자들의 터 위에 세우심을 입은 자라 그리스도 예수께서 친히 모퉁잇돌 이 되셨느니라 그의 안에서 건물마다 서로 연결하여 주 안에서 성전이 되어 가고 너희도 성 령 안에서 하나님이 거하실 처소가 되기 위하여 그리스도 예수 안에서 함께 지어져 가느니라 (엡 2:20-22)

_____

_____

_____

_____

_____

_____

✓ 말씀으로 드리는 고백기도

  하나님, 예수 그리스도의 몸으로 세우신 공동체를 허락하시니 감사합니다. 주님의 몸 된 교회에 주님의 영광을 나타내소서. 성령 안에서 하나님의 나라를 경험하게 하소서. 모두가 예수 그리스도 의 지체로 성전이 되어감을 잊지 않게 하소서.

✓ 하나님의 성품을 묵상하는 침묵기도 (말씀을 통해 발견한 하나님의 성품을 고백하며 기도합니다.)

✓ 회개와 감사 및 간구기도 (말씀으로 깨달은 회개의 내용과 중보의 제목으로 기도합니다.)

✓ 감사일기   일째

_____

_____

✔ **한 주간의 영성훈련을 점검합니다.** (참여가 어려웠던 이유를 기록한 후 개선할 내용을 적어봅시다.)

☐ 1년 성경통독 　　☐ 말씀묵상 및 필사 　　☐ 침묵기도

☐ 감사와 회개의 기도 　☐ 감사일기 　　*열심히 참여 (○), 조금 부족 (△), 참여 못함 (×)

✔ **순례자의 노트를 작성하는 동안 가장 은혜로웠던 순간을 적어보세요.**

_____

_____

_____

_____

_____

_____

_____

_____

✔ (1인)　**가정예배**

· 사도신경 　　　　　　　　· 찬송 : 205장 (주 예수 크신 사랑)

· 성경읽기 : 마태복음 3장 1-17절 　· 기도 : 본인 또는 가족 중 　　　· 주기도문

2. 18. (일)

✔ **주일설교 묵상**

_____

_____

_____

_____

_____

_____

말씀묵상 및 필사 (반복해서 본문을 읽고 묵상한 후 필사합니다.)

· 주린 자에게 네 심정이 동하며 괴로워하는 자의 심정을 만족하게 하면 네 빛이 흑암 중에서 떠올라 네 어둠이 낮과 같이 될 것이며 (사 58:10)

· 그러므로 너희는 여러 교회 앞에서 너희의 사랑과 너희에 대한 우리 자랑의 증거를 그들에게 보이라 (고후 8:24)

_____

_____

_____

_____

_____

_____

_____

_____

_____

✓ 말씀으로 드리는 고백기도

  주님, 하나님의 사랑과 성령의 충만함과 하나님의 비전이 우리 안에 있기를 기도합니다. 선명한 그리스도의 표지가 우리의 모습 속에 나타나게 하소서. 세상을 밝히는 그리스도의 군사가 되기를 소원합니다. 성령님, 우리의 마음을 주님의 증거들로 향하게 하소서.

✓ 하나님의 성품을 묵상하는 침묵기도 (말씀을 통해 발견한 하나님의 성품을 고백하며 기도합니다.)

✓ 회개와 감사 및 간구기도 (말씀으로 깨달은 회개의 내용과 중보의 제목으로 기도합니다.)

✓ 감사일기   일째

_____

_____

말씀묵상 및 필사 (반복해서 본문을 읽고 묵상한 후 필사합니다.)

· 이새의 줄기에서 한 싹이 나며 그 뿌리에서 한 가지가 나서 결실할 것이요 (사 11:1)

· 나는 포도나무요 너희는 가지라 그가 내 안에, 내가 그 안에 거하면 사람이 열매를 많이 맺나니 나를 떠나서는 너희가 아무 것도 할 수 없음이라 (요 15:5)

✓ 말씀으로 드리는 고백기도

열매 맺는 삶을 살게 하소서. 주님이 이끄시는 삶의 방식을 따라 살며 이 땅의 복된 존재가 되기를 원합니다. 아버지가 기뻐하시는 제자로 영광을 돌리며 살아가게 하소서. 주님, 우리를 인도하소서.

✓ 하나님의 성품을 묵상하는 침묵기도 (말씀을 통해 발견한 하나님의 성품을 고백하며 기도합니다.)

✓ 회개와 감사 및 간구기도 (말씀으로 깨달은 회개의 내용과 중보의 제목으로 기도합니다.)

✓ 감사일기   일째

말씀묵상 및 필사 (반복해서 본문을 읽고 묵상한 후 필사합니다.)

· 여호와께서 이와 같이 말씀하시니라 너희는 여러 민족의 앞에 서서 야곱을 위하여 기뻐 외치라 너희는 전파하며 찬양하며 말하라 여호와여 주의 백성 이스라엘의 남은 자를 구원하소서 하라 (렘 31:7)

· 주여 이제도 그들의 위협함을 굽어보시옵고 또 종들로 하여금 담대히 하나님의 말씀을 전하게 하여 주시오며 (행 4:29)

✓ 말씀으로 드리는 고백기도

이 땅에서 복음을 선포하는 자로 살아가게 하소서. 하나님의 능력을 의지하고 세상을 향해 생명과 영생의 삶을 선포하게 하소서. 모든 충만함으로 채우시는 하나님의 능력을 의지하고 나아갑니다. 주님의 도구가 되기를 원합니다. 성령님, 우리와 함께 하소서.

✓ 하나님의 성품을 묵상하는 침묵기도 (말씀을 통해 발견한 하나님의 성품을 고백하며 기도합니다.)

✓ 회개와 감사 및 간구기도 (말씀으로 깨달은 회개의 내용과 중보의 제목으로 기도합니다.)

✓ 감사일기   일째

말씀묵상 및 필사 (반복해서 본문을 읽고 묵상한 후 필사합니다.)

· 여호와여 내가 주께서 계신 집과 주의 영광이 머무는 곳을 사랑하오니 (시 26:8)

· 사흘 후에 성전에서 만난즉 그가 선생들 중에 앉으사 그들에게 듣기도 하시며 묻기도 하시니 (눅 2:46)

_____

_____

_____

_____

_____

_____

_____

_____

_____

✔ **말씀으로 드리는 고백기도**
　주님의 교회를 사랑하게 하소서. 사랑과 섬김으로 공동체를 세워가게 하소서. 기도하는 교회가 되게 하소서. 하나님의 말씀을 사랑하는 공동체가 되게 하소서.

✔ **하나님의 성품을 묵상하는 침묵기도** (말씀을 통해 발견한 하나님의 성품을 고백하며 기도합니다.)

✔ **회개와 감사 및 간구기도** (말씀으로 깨달은 회개의 내용과 중보의 제목으로 기도합니다.)

✔ **감사일기**　　**일째**

_____

_____

말씀묵상 및 필사 (반복해서 본문을 읽고 묵상한 후 필사합니다.)

· 여호와께서 또 모든 백성들과 이 땅에 거주하던 아모리 족속을 우리 앞에서 쫓아내셨음이라
그러므로 우리도 여호와를 섬기리니 그는 우리 하나님이심이니이다 하니라 (수 24:18)

· 그리고 맡은 자들에게 구할 것은 충성이니라 (고전 4:2)

_____

_____

_____

_____

_____

_____

_____

_____

✓ 말씀으로 드리는 고백기도

우리는 그리스도의 일꾼이요 하나님의 비밀을 맡은 자임을 고백합니다. 오직 믿음과 충성으로
주님의 사역을 감당하게 하소서. 하나님의 신실하심을 따라 우리도 신실한 자녀가 되게 하소서.

✓ 하나님의 성품을 묵상하는 침묵기도 (말씀을 통해 발견한 하나님의 성품을 고백하며 기도합니다.)

✓ 회개와 감사 및 간구기도 (말씀으로 깨달은 회개의 내용과 중보의 제목으로 기도합니다.)

✓ 감사일기   일째

_____

_____

✔ **한 주간의 영성훈련을 점검합니다.** (참여가 어려웠던 이유를 기록한 후 개선할 내용을 적어봅시다.)

☐ 1년 성경통독　　　　☐ 말씀묵상 및 필사　　　　☐ 침묵기도

☐ 감사와 회개의 기도　　☐ 감사일기　　　　*열심히 참여 (○), 조금 부족 (△), 참여 못함 (×)

✔ **순례자의 노트를 작성하는 동안 가장 은혜로웠던 순간을 적어보세요.**

_____

_____

_____

_____

_____

_____

_____

_____

✔ (1인)　**가정예배**

· 사도신경　　　　　　　　　· 찬송 : 289장 (주 예수 내 맘에 들어와)

· 성경읽기 : 마태복음 4장 1-11절　　· 기도 : 본인 또는 가족 중　　　　· 주기도문

2. 25. (일)

✔ **주일설교 묵상**

_____

_____

_____

_____

_____

_____

말씀묵상 및 필사 (반복해서 본문을 읽고 묵상한 후 필사합니다.)

· 네가 호렙 산에서 네 하나님 여호와 앞에 섰던 날에 여호와께서 내게 이르시기를 나에게 백성을 모으라 내가 그들에게 내 말을 들려주어 그들이 세상에 사는 날 동안 나를 경외함을 배우게 하며 그 자녀에게 가르치게 하리라 하시매 (신 4:10)

· 너는 진리의 말씀을 옳게 분별하며 부끄러울 것이 없는 일꾼으로 인정된 자로 자신을 하나님 앞에 드리기를 힘쓰라 (딤후 2:15)

✓ 말씀으로 드리는 고백기도

하나님의 말씀을 대하는 것이 하나님을 대하는 것임을 믿음으로 고백합니다. 진리의 영이신 성령님께서 말씀을 깨닫게 하시고 우리를 진리 가운데로 인도하소서. 헛된 지식을 분별하게 하시고 생명의 말씀과 참된 지혜를 온전히 품게 하소서. 주님을 더욱 알기 원합니다.

✓ 하나님의 성품을 묵상하는 침묵기도 (말씀을 통해 발견한 하나님의 성품을 고백하며 기도합니다.)

✓ 회개와 감사 및 간구기도 (말씀으로 깨달은 회개의 내용과 중보의 제목으로 기도합니다.)

✓ 감사일기   일째

말씀묵상 및 필사 (반복해서 본문을 읽고 묵상한 후 필사합니다.)

· 이것이 노아의 족보니라 노아는 의인이요 당대에 완전한 자라 그는 하나님과 동행하였으며
(창 6:9)

· 믿음으로 노아는 아직 보이지 않는 일에 경고하심을 받아 경외함으로 방주를 준비하여 그 집
을 구원하였으니 이로 말미암아 세상을 정죄하고 믿음을 따르는 의의 상속자가 되었느니라
(히 11:7)

✓ 말씀으로 드리는 고백기도

전심으로 주님께 나아갑니다. 주님과 동행하며 철저히 주님의 방법으로 살아가게 하소서. 불의
와 죄악이 가득한 세상에서 완전하신 거룩함과 진리의 말씀과 사랑으로 살기를 원합니다. 성령님,
우리와 함께 하소서.

✓ 하나님의 성품을 묵상하는 침묵기도 (말씀을 통해 발견한 하나님의 성품을 고백하며 기도합니다.)

✓ 회개와 감사 및 간구기도 (말씀으로 깨달은 회개의 내용과 중보의 제목으로 기도합니다.)

✓ 감사일기   일째

말씀묵상 및 필사 (반복해서 본문을 읽고 묵상한 후 필사합니다.)

· 나는 가난하고 궁핍하오나 주께서는 나를 생각하시오니 주는 나의 도움이시요 나를 건지시는 이시라 나의 하나님이여 지체하지 마소서 (시 40:17)

· 한 나병환자가 예수께 와서 꿇어 엎드려 간구하여 이르되 원하시면 저를 깨끗하게 하실 수 있나이다 예수께서 불쌍히 여기사 손을 내밀어 그에게 대시며 이르시되 내가 원하노니 깨끗함을 받으라 하시니 (막 1:40-41)

_____

_____

_____

_____

_____

_____

_____

_____

✓ 말씀으로 드리는 고백기도

주님은 겸손하게 나아오는 자를 외면하지 않으셨습니다. 오늘도 주님 앞에 엎드립니다. 고난과 고통과 아픔 속에서 우리를 해방시켜 주소서. 주님만이 주실 수 있는 은혜임을 믿습니다. 우리를 자유케 하소서.

✓ 하나님의 성품을 묵상하는 침묵기도 (말씀을 통해 발견한 하나님의 성품을 고백하며 기도합니다.)

✓ 회개와 감사 및 간구기도 (말씀으로 깨달은 회개의 내용과 중보의 제목으로 기도합니다.)

✓ 감사일기   일째

_____

_____

말씀묵상 및 필사 (반복해서 본문을 읽고 묵상한 후 필사합니다.)

· 여호와를 의지하고 교만한 자와 거짓에 치우치는 자를 돌아보지 아니하는 자는 복이 있도다
  (시 40:4)

· 만일 그리스도 안에서 우리가 바라는 것이 다만 이 세상의 삶뿐이면 모든 사람 가운데 우리가
  더욱 불쌍한 자이리라 (고전 15:19)

_____

_____

_____

_____

_____

_____

_____

_____

_____

✓ 말씀으로 드리는 고백기도

주님을 바라보며 영생을 소망하는 자에게 복이 있음을 믿습니다. 하나님의 약속은 결코 파기되
지 않으며, 선하신 주님의 계획은 온전히 성취될 것을 믿습니다. 날마다 천국을 누리게 하소서. 장
차 영원한 소망 안에 거하게 하실 주님을 찬양합니다.

✓ 하나님의 성품을 묵상하는 침묵기도 (말씀을 통해 발견한 하나님의 성품을 고백하며 기도합니다.)

✓ 회개와 감사 및 간구기도 (말씀으로 깨달은 회개의 내용과 중보의 제목으로 기도합니다.)

✓ 감사일기   일째

_____

_____

Mar.

성경 묵상이란 말씀을 깊이 있게 읽고, 생각하고, 그 구절에 담긴 의미를 이해하며, 그 내용이 우리 삶에 어떻게 적용될 수 있는지 탐구하는 것입니다. 단순히 성경 구절을 읽고 지나치는 것이 아니라, 하나님의 지혜를 얻을 때까지 씨름하는 과정입니다. 이 시간을 통해 살아계신 하나님과 교제가 이루어지고, 그 깊이가 깊어지며, 믿음이 자연스럽게 성장하게 됩니다. 하나님의 은혜와 사랑을 느끼고, 그분이 말씀하시는 뜻을 이해해서 삶의 방향을 찾게 됩니다. 이 모든 과정이 성경 묵상이라고 말할 수 있습니다.

말씀묵상 및 필사 (반복해서 본문을 읽고 묵상한 후 필사합니다.)

· 내가 붙드는 나의 종, 내 마음에 기뻐하는 자 곧 내가 택한 사람을 보라 내가 나의 영을 그에게 주었은즉 그가 이방에 정의를 베풀리라 (사 42:1)

· 지극히 큰 영광 중에서 이러한 소리가 그에게 나기를 이는 내 사랑하는 아들이요 내 기뻐하는 자라 하실 때에 그가 하나님 아버지께 존귀와 영광을 받으셨느니라 (벧후 1:17)

_____
_____
_____
_____
_____
_____
_____
_____
_____
_____

✓ 말씀으로 드리는 고백기도

모든 나라의 영광과 존귀를 홀로 받으시기에 합당하신 우리 주님을 찬양합니다. 우리의 입술을 열어 주님을 찬양하게 하소서. 부활하신 주님의 권능을 증언하고 선포하는 모두가 되게 하소서.

✓ 하나님의 성품을 묵상하는 침묵기도 (말씀을 통해 발견한 하나님의 성품을 고백하며 기도합니다.)

✓ 회개와 감사 및 간구기도 (말씀으로 깨달은 회개의 내용과 중보의 제목으로 기도합니다.)

✓ 감사일기   일째

_____
_____

✔ **한 주간의 영성훈련을 점검합니다.** (참여가 어려웠던 이유를 기록한 후 개선할 내용을 적어봅시다.)

☐ 1년 성경통독　　　☐ 말씀묵상 및 필사　　　☐ 침묵기도

☐ 감사와 회개의 기도　☐ 감사일기　　　*열심히 참여 (○), 조금 부족 (△), 참여 못함 (×)

✔ **순례자의 노트를 작성하는 동안 가장 은혜로웠던 순간을 적어보세요.**

_____
_____
_____
_____
_____
_____
_____
_____

✔ **(1인)　가정예배**

· 사도신경　　　　　　　· 찬송 : 539장 (너 예수께 조용히 나가)

· 성경읽기 : 요한복음 2장 1-11절　· 기도 : 본인 또는 가족 중　　· 주기도문

3. 3. (일)

✔ **주일설교 묵상**

_____
_____
_____
_____
_____
_____

말씀묵상 및 필사 (반복해서 본문을 읽고 묵상한 후 필사합니다.)

· 여호와께서 여호수아에게 이르시되 두려워하지 말라 놀라지 말라 군사를 다 거느리고 일어나 아이로 올라가라 보라 내가 아이 왕과 그의 백성과 그의 성읍과 그의 땅을 다 네 손에 넘겨 주었으니 (수 8:1)

· 내가 볼 때에 그의 발 앞에 엎드러져 죽은 자 같이 되매 그가 오른손을 내게 얹고 이르시되 두려워하지 말라 나는 처음이요 마지막이니 곧 살아 있는 자라 내가 전에 죽었었노라 볼지어다 이제 세세토록 살아 있어 사망과 음부의 열쇠를 가졌노니 (계 1:17-18)

_____

_____

_____

_____

_____

_____

✓ 말씀으로 드리는 고백기도

주님, 하나님의 사랑 안에서만 두려움을 이길 수 있습니다. 온전한 주님의 사랑만이 내 안의 두려움을 몰아낼 수 있습니다. 우리를 부활의 능력으로 온전하게 하신 아버지의 사랑을 의지하고 두려움을 이기게 하소서. 성령님, 승리하게 하소서.

✓ 하나님의 성품을 묵상하는 침묵기도 (말씀을 통해 발견한 하나님의 성품을 고백하며 기도합니다.)

✓ 회개와 감사 및 간구기도 (말씀으로 깨달은 회개의 내용과 중보의 제목으로 기도합니다.)

✓ 감사일기   일째

_____

_____

말씀묵상 및 필사 (반복해서 본문을 읽고 묵상한 후 필사합니다.)

· 너는 알지 못하였느냐 듣지 못하였느냐 영원하신 하나님 여호와, 땅 끝까지 창조하신 이는 피곤하지 않으시며 곤비하지 않으시며 명철이 한이 없으시며 (사 40:28)

· 그러나 자기를 증언하지 아니하신 것이 아니니 곧 여러분에게 하늘로부터 비를 내리시며 결실기를 주시는 선한 일을 하사 음식과 기쁨으로 여러분의 마음에 만족하게 하셨느니라 하고 (행 14:17)

_____

_____

_____

_____

_____

_____

_____

✓ **말씀으로 드리는 고백기도**

  내 복으로 내 백성을 만족하게 하리라 말씀하신 하나님, 주님의 신실하신 약속을 의지하며 나아갑니다. 모든 것이 우리에게서 난 것 같이 교만한 자로 살지 않고, 모든 것이 하나님으로부터 난 것임을 알고 만족하게 하소서. 오늘 나의 삶에 주신 은혜에 감사하게 하소서.

✓ **하나님의 성품을 묵상하는 침묵기도** (말씀을 통해 발견한 하나님의 성품을 고백하며 기도합니다.)

✓ **회개와 감사 및 간구기도** (말씀으로 깨달은 회개의 내용과 중보의 제목으로 기도합니다.)

✓ **감사일기**   일째

_____

_____

말씀묵상 및 필사 (반복해서 본문을 읽고 묵상한 후 필사합니다.)

· 주께서 내 영혼을 사망에서, 내 눈을 눈물에서, 내 발을 넘어짐에서 건지셨나이다 (시 116:8)

· 오라 하시니 베드로가 배에서 내려 물 위로 걸어서 예수께로 가되 바람을 보고 무서워 빠져 가는지라 소리 질러 이르되 주여 나를 구원하소서 하니 예수께서 즉시 손을 내밀어 그를 붙잡으시며 이르시되 믿음이 작은 자여 왜 의심하였느냐 하시고 (마 14:29-31)

_____

_____

_____

_____

_____

_____

_____

_____

_____

_____

✓ 말씀으로 드리는 고백기도

　우리는 믿음으로 말미암아 그리스도 예수 안에서 하나님의 자녀가 되었습니다. 천군 천사를 움직이시는 하나님, 지치고 상한 우리의 삶을 구원하소서. 사방으로 욱여쌈을 당해도 싸이지 않게 하시고 답답한 일을 당해도 낙심하지 않게 하소서. 반드시 주님의 승리를 보게될 줄 믿습니다.

✓ 하나님의 성품을 묵상하는 침묵기도 (말씀을 통해 발견한 하나님의 성품을 고백하며 기도합니다.)

✓ 회개와 감사 및 간구기도 (말씀으로 깨달은 회개의 내용과 중보의 제목으로 기도합니다.)

✓ 감사일기　　일째

_____

_____

말씀묵상 및 필사 (반복해서 본문을 읽고 묵상한 후 필사합니다.)

· 두려워하지 말라 네가 수치를 당하지 아니하리라 놀라지 말라 네가 부끄러움을 보지 아니하리라 네가 네 젊었을 때의 수치를 잊겠고 과부 때의 치욕을 다시 기억함이 없으리니 (사 54:4)

· 사람들이 너희를 끌어다가 넘겨 줄 때에 무슨 말을 할까 미리 염려하지 말고 무엇이든지 그 때에 너희에게 주시는 그 말을 하라 말하는 이는 너희가 아니요 성령이시니라 (막 13:11)

✓ 말씀으로 드리는 고백기도

나의 생명이 항상 위기에 있으나 나는 주님의 법을 잊지 않을 것입니다. 곤고한 상황에서도 성령님이 주시는 기쁨 안에서 말씀을 받아 그리스도를 본받는 자가 되게 하소서. 성령님, 나와 동행하소서.

✓ 하나님의 성품을 묵상하는 침묵기도 (말씀을 통해 발견한 하나님의 성품을 고백하며 기도합니다.)

✓ 회개와 감사 및 간구기도 (말씀으로 깨달은 회개의 내용과 중보의 제목으로 기도합니다.)

✓ 감사일기   일째

말씀묵상 및 필사 (반복해서 본문을 읽고 묵상한 후 필사합니다.)

· 한나가 기도하여 이르되 내 마음이 여호와로 말미암아 즐거워하며 내 뿔이 여호와로 말미암아 높아졌으며 내 입이 내 원수들을 향하여 크게 열렸으니 이는 내가 주의 구원으로 말미암아 기뻐함이니이다 (삼상 2:1)

· 예수께서 안식 후 첫날 이른 아침에 살아나신 후 전에 일곱 귀신을 쫓아내어 주신 막달라 마리아에게 먼저 보이시니 마리아가 가서 예수와 함께 하던 사람들이 슬퍼하며 울고 있는 중에 이 일을 알리매 (막 16:9-10)

✓ 말씀으로 드리는 고백기도

주님의 얼굴을 겸손한 자에게 비추시는 줄 믿습니다. 주님의 사랑하심으로 우리를 구원하소서. 우리의 영혼이 주님을 찬양하고 주님을 기뻐합니다. 우리의 비천함과 악함을 긍휼이 여기시는 주님, 우리로 영원히 복이 있다 일컬음을 받는 자가 되게 하소서.

✓ 하나님의 성품을 묵상하는 침묵기도 (말씀을 통해 발견한 하나님의 성품을 고백하며 기도합니다.)

✓ 회개와 감사 및 간구기도 (말씀으로 깨달은 회개의 내용과 중보의 제목으로 기도합니다.)

✓ 감사일기   일째

✔ **한 주간의 영성훈련을 점검합니다.** (참여가 어려웠던 이유를 기록한 후 개선할 내용을 적어봅시다.)

☐ 1년 성경통독   ☐ 말씀묵상 및 필사   ☐ 침묵기도

☐ 감사와 회개의 기도   ☐ 감사일기   *열심히 참여 (○), 조금 부족 (△), 참여 못함 (×)

✔ **순례자의 노트를 작성하는 동안 가장 은혜로웠던 순간을 적어보세요.**

_____

_____

_____

_____

_____

_____

_____

_____

_____

✔ (1인)   **가정예배**

· 사도신경   · 찬송 : 212장 (겸손히 주를 섬길 때)

· 성경읽기 : 요한복음 3장 1-21절 · 기도 : 본인 또는 가족 중   · 주기도문

3. 10. (일)

✔ **주일설교 묵상**

_____

_____

_____

_____

_____

_____

말씀묵상 및 필사 (반복해서 본문을 읽고 묵상한 후 필사합니다.)

· 하나님이여 주는 나의 하나님이시라 내가 간절히 주를 찾되 물이 없어 마르고 황폐한 땅에서 내 영혼이 주를 갈망하며 내 육체가 주를 앙모하나이다 (시 63:1)

· 그런즉 너희는 먼저 그의 나라와 그의 의를 구하라 그리하면 이 모든 것을 너희에게 더하시리라 (마 6:33)

✓ 말씀으로 드리는 고백기도

도움을 구하러 애굽으로 내려갔던 자들을 기억합니다. 이스라엘의 거룩하신 이를 앙모하지 않고 여호와를 구하지 않았던 자들의 결말을 들었습니다. 이제 무슨 일이든지 먼저 주님을 찾고 구하는 자 되게 하소서. 우리의 기쁨과 만족은 오직 하나님께로부터 나오는 것임을 믿습니다.

✓ 하나님의 성품을 묵상하는 침묵기도 (말씀을 통해 발견한 하나님의 성품을 고백하며 기도합니다.)

✓ 회개와 감사 및 간구기도 (말씀으로 깨달은 회개의 내용과 중보의 제목으로 기도합니다.)

✓ 감사일기   일째

말씀묵상 및 필사 (반복해서 본문을 읽고 묵상한 후 필사합니다.)

· 내가 그들을 돌아보아 좋게 하여 다시 이 땅으로 인도하여 세우고 헐지 아니하며 심고 뽑지 아니하겠고 (렘 24:6)

· 그런즉 심는 이나 물 주는 이는 아무 것도 아니로되 오직 자라게 하시는 이는 하나님뿐이니라 (고전 3:7)

✓ 말씀으로 드리는 고백기도

주님, 누가 염려함으로 그 키를 한 자나 더할 수 있겠습니까. 주권과 권능과 공의는 오직 하나님께 있음을 믿습니다. 주님께서 집을 세우지 않으시면 세우는 자의 수고가 헛되고, 성을 지켜주시지 않으면 파수꾼의 깨어 있음이 헛된 줄 압니다. 주님, 우리에게 믿음을 더하소서.

✓ 하나님의 성품을 묵상하는 침묵기도 (말씀을 통해 발견한 하나님의 성품을 고백하며 기도합니다.)

✓ 회개와 감사 및 간구기도 (말씀으로 깨달은 회개의 내용과 중보의 제목으로 기도합니다.)

✓ 감사일기   일째

말씀묵상 및 필사 (반복해서 본문을 읽고 묵상한 후 필사합니다.)

· 땅의 모든 끝이 여호와를 기억하고 돌아오며 모든 나라의 모든 족속이 주의 앞에 예배하리니 (시 22:27)

· 하나님은 모든 사람이 구원을 받으며 진리를 아는 데에 이르기를 원하시느니라 (딤전 2:4)

_____

_____

_____

_____

_____

_____

_____

_____

_____

_____

✓ 말씀으로 드리는 고백기도

하나님의 뜻과 마음, 아버지의 기쁨이 온전히 나의 기쁨이 되게 하소서. 생명의 빛 되시는 그리스도를 전하며 모든 자들이 주님께 돌아오는 비전을 품게 하소서. 성령님, 진리를 깨닫게 하시고 복음을 전할 수 있는 용기를 주소서.

✓ 하나님의 성품을 묵상하는 침묵기도 (말씀을 통해 발견한 하나님의 성품을 고백하며 기도합니다.)

✓ 회개와 감사 및 간구기도 (말씀으로 깨달은 회개의 내용과 중보의 제목으로 기도합니다.)

✓ 감사일기   일째

_____

_____

말씀묵상 및 필사 (반복해서 본문을 읽고 묵상한 후 필사합니다.)

· 거짓되고 헛된 것을 숭상하는 모든 자는 자기에게 베푸신 은혜를 버렸사오나 (욘 2:8)

· 돈을 사랑함이 일만 악의 뿌리가 되나니 이것을 탐내는 자들은 미혹을 받아 믿음에서 떠나 많은 근심으로써 자기를 찔렀도다 (딤전 6:10)

✓ 말씀으로 드리는 고백기도

　참되신 하나님만을 의지하게 하소서. 주님을 사랑하고 주님의 계명을 지키는 것 외에는 모든 것을 배설물로 여기게 하소서. 주님의 계명을 지키는 자에게 언약을 지키시고 인자와 성실로 베푸시는 하나님을 신뢰합니다. 주님, 주님만 바라봅니다. 도와주소서.

✓ 하나님의 성품을 묵상하는 침묵기도 (말씀을 통해 발견한 하나님의 성품을 고백하며 기도합니다.)

✓ 회개와 감사 및 간구기도 (말씀으로 깨달은 회개의 내용과 중보의 제목으로 기도합니다.)

✓ 감사일기　　일째

말씀묵상 및 필사 (반복해서 본문을 읽고 묵상한 후 필사합니다.)

· 여인에게서 태어난 사람은 생애가 짧고 걱정이 가득하며 (욥 14:1)

· 욕된 것으로 심고 영광스러운 것으로 다시 살아나며 약한 것으로 심고 강한 것으로 다시 살아나며 (고전 15:43)

_____

_____

_____

_____

_____

_____

_____

_____

_____

✓ 말씀으로 드리는 고백기도

긍휼하신 하나님, 우리에게 남은 날을 계수하게 하시고 지혜로운 마음을 얻게 하소서. 주님의 계명과 말씀 위에서 오늘을 살게 하시고 우리의 삶을 반석이신 주님의 말씀 위에 짓게 하소서. 성령님, 하루하루 기쁨과 소망의 삶이 되게 하소서.

✓ 하나님의 성품을 묵상하는 침묵기도 (말씀을 통해 발견한 하나님의 성품을 고백하며 기도합니다.)

✓ 회개와 감사 및 간구기도 (말씀으로 깨달은 회개의 내용과 중보의 제목으로 기도합니다.)

✓ 감사일기   일째

_____

_____

✔ **한 주간의 영성훈련을 점검합니다.** (참여가 어려웠던 이유를 기록한 후 개선할 내용을 적어봅시다.)

☐ 1년 성경통독 ☐ 말씀묵상 및 필사 ☐ 침묵기도

☐ 감사와 회개의 기도 ☐ 감사일기 *열심히 참여 (○), 조금 부족 (△), 참여 못함 (×)

✔ **순례자의 노트를 작성하는 동안 가장 은혜로웠던 순간을 적어보세요.**

_____
_____
_____
_____
_____
_____
_____
_____

✔ (1인) **가정예배**

· 사도신경 · 찬송 : 393장 (오 신실하신 주)
· 성경읽기 : 요한복음 4장 4-42절 · 기도 : 본인 또는 가족 중 · 주기도문

3. 17. (일)

✔ **주일설교 묵상**

_____
_____
_____
_____
_____
_____

말씀묵상 및 필사 (반복해서 본문을 읽고 묵상한 후 필사합니다.)

· 이 하나님은 영원히 우리 하나님이시니 그가 우리를 죽을 때까지 인도하시리로다 (시 48:14)

· 또 약속하신 이는 미쁘시니 우리가 믿는 도리의 소망을 움직이지 말며 굳게 잡고 (히 10:23)

_____

_____

_____

_____

_____

_____

_____

_____

_____

✓ **말씀으로 드리는 고백기도**

　사랑의 하나님, 그리스도를 통해 우리와 화평을 이루시고 영원한 언약이 되게 하셨습니다. 그 안에서 우리의 믿음을 견고하게 하시며 주님의 성전에서 영원히 살아가게 하셨습니다. 주님, 주님의 신실하신 약속을 찬양합니다. 이 기쁨과 소망을 모든 세대에 전하는 자가 되게 하소서.

✓ **하나님의 성품을 묵상하는 침묵기도** (말씀을 통해 발견한 하나님의 성품을 고백하며 기도합니다.)

✓ **회개와 감사 및 간구기도** (말씀으로 깨달은 회개의 내용과 중보의 제목으로 기도합니다.)

✓ **감사일기**　　일째

_____

_____

말씀묵상 및 필사 (반복해서 본문을 읽고 묵상한 후 필사합니다.)

· 그는 깊고 은밀한 일을 나타내시고 어두운 데에 있는 것을 아시며 또 빛이 그와 함께 있도다
(단 2:22)

· 드러내려 하지 않고는 숨긴 것이 없고 나타내려 하지 않고는 감추인 것이 없느니라 (막 4:22)

_____

_____

_____

_____

_____

_____

_____

_____

_____

✓ 말씀으로 드리는 고백기도

빛이신 주님, 어둠을 몰아내고 거짓을 밝히시는 주님의 능력과 권세를 찬양합니다. 나의 가는 길과 눕고 일어서는 삶의 모든 일들이 빛이신 주님 안에 있게 하소서. 중심을 보시는 하나님 앞에서 아무 것도 감출 수 없음을 고백합니다. 성령님의 새롭게 하시는 은혜로 참된 주님의 자녀가 되게 하소서.

✓ 하나님의 성품을 묵상하는 침묵기도 (말씀을 통해 발견한 하나님의 성품을 고백하며 기도합니다.)

✓ 회개와 감사 및 간구기도 (말씀으로 깨달은 회개의 내용과 중보의 제목으로 기도합니다.)

✓ 감사일기   일째

_____

_____

말씀묵상 및 필사 (반복해서 본문을 읽고 묵상한 후 필사합니다.)

· 하나님은 예로부터 나의 왕이시라 사람에게 구원을 베푸셨나이다 (시 74:12)

· 아무 데나 예수께서 들어가시는 지방이나 도시나 마을에서 병자를 시장에 두고 예수께 그의
  옷 가에라도 손을 대게 하시기를 간구하니 손을 대는 자는 다 성함을 얻으니라 (막 6:56)

✓ 말씀으로 드리는 고백기도

주님은 우리의 왕이십니다. 땅을 만들고 사람을 창조하셨으며, 손으로 하늘을 펴시고 하늘의 모든 군대에게 명령하시는 분이십니다. 우리의 구원이 왕이신 하나님으로부터 온 것임을 믿습니다. 우리의 삶이 구원을 주신 주님의 계획과 섭리 안에 있게 하시고 날마다 구원을 체험하게 하소서.

✓ 하나님의 성품을 묵상하는 침묵기도 (말씀을 통해 발견한 하나님의 성품을 고백하며 기도합니다.)

✓ 회개와 감사 및 간구기도 (말씀으로 깨달은 회개의 내용과 중보의 제목으로 기도합니다.)

✓ 감사일기   일째

말씀묵상 및 필사 (반복해서 본문을 읽고 묵상한 후 필사합니다.)

· 지존자의 은밀한 곳에 거주하며 전능자의 그늘 아래에 사는 자여, 나는 여호와를 향하여 말하기를 그는 나의 피난처요 나의 요새요 내가 의뢰하는 하나님이라 하리니 (시 91:1-2)

· 하나님이 우리에게 주신 것은 두려워하는 마음이 아니요 오직 능력과 사랑과 절제하는 마음이니 (딤후 1:7)

_____

_____

_____

_____

_____

_____

_____

_____

✓ 말씀으로 드리는 고백기도
우리의 능력이 되시는 하나님을 기뻐하며 찬양합니다. 성령님, 삶의 모든 고통과 어려움과 재난 속에서 영으로 기도하고 마음으로 기도하며, 영으로 찬송하며 마음으로 찬송하게 하소서. 오직 주님만 바라봅니다. 야곱의 하나님을 향하여 즐거이 소리칩니다. 할렐루야.

✓ 하나님의 성품을 묵상하는 침묵기도 (말씀을 통해 발견한 하나님의 성품을 고백하며 기도합니다.)

✓ 회개와 감사 및 간구기도 (말씀으로 깨달은 회개의 내용과 중보의 제목으로 기도합니다.)

✓ 감사일기   일째

_____

_____

말씀묵상 및 필사 (반복해서 본문을 읽고 묵상한 후 필사합니다.)

· 모세가 하나님께 아뢰되 내가 누구이기에 바로에게 가며 이스라엘 자손을 애굽에서 인도하여
내리이까 하나님이 이르시되 내가 반드시 너와 함께 있으리라 네가 그 백성을 애굽에서 인도
하여 낸 후에 너희가 이 산에서 하나님을 섬기리니 이것이 내가 너를 보낸 증거니라 (출 3:11-12)

· 옳다 인정함을 받는 자는 자기를 칭찬하는 자가 아니요 오직 주께서 칭찬하시는 자니라
(고후 10:18)

_____

_____

_____

_____

_____

_____

_____

✓ 말씀으로 드리는 고백기도
오직 하나님의 은혜로 지금의 내가 있음을 고백합니다. 무지하고 교만하며 완악한 마음으로 살
지 않고 매일 은혜를 구하는 것은 주님께서 삶을 주관하시는 분임을 믿기 때문입니다. 주님, 주님
과 늘 동행하기 원합니다.

✓ 하나님의 성품을 묵상하는 침묵기도 (말씀을 통해 발견한 하나님의 성품을 고백하며 기도합니다.)

✓ 회개와 감사 및 간구기도 (말씀으로 깨달은 회개의 내용과 중보의 제목으로 기도합니다.)

✓ 감사일기   일째

_____

_____

✔ **한 주간의 영성훈련을 점검합니다.** (참여가 어려웠던 이유를 기록한 후 개선할 내용을 적어봅시다.)

☐ 1년 성경통독 　　　　☐ 말씀묵상 및 필사 　　　　☐ 침묵기도

☐ 감사와 회개의 기도 　☐ 감사일기 　　　　*열심히 참여 (○), 조금 부족 (△), 참여 못함 (×)

✔ **순례자의 노트를 작성하는 동안 가장 은혜로웠던 순간을 적어보세요.**

_____

_____

_____

_____

_____

_____

_____

_____

_____

✔ (1인) 　**가정예배**

· 사도신경 　　　　　　　　　· 찬송 : 93장 (예수는 나의 힘이요)

· 성경읽기 : 누가복음 4장 16-30절 · 기도 : 본인 또는 가족 중 　　　　· 주기도문

3. 24. (일)

✔ **주일설교 묵상**

_____

_____

_____

_____

_____

_____

말씀묵상 및 필사 (반복해서 본문을 읽고 묵상한 후 필사합니다.)

· 하나님이 우리에게 복을 주시리니 땅의 모든 끝이 하나님을 경외하리로다 (시 67:7)

· 찬송하리로다 하나님 곧 우리 주 예수 그리스도의 아버지께서 그리스도 안에서 하늘에 속한 모든 신령한 복을 우리에게 주시되 (엡 1:3)

_____
_____
_____
_____
_____
_____
_____
_____
_____

✓ 말씀으로 드리는 고백기도

아침마다 주님의 인자하심을 바라봅니다. 주님의 사랑의 품에 안깁니다. 오늘도 우리를 주님 안에서 만족하게 하시고 일생 동안 즐겁고 기쁘게 하소서. 주님의 인자하심으로 하늘의 신령한 은혜를 누리게 하시는 주님을 찬양합니다.

✓ 하나님의 성품을 묵상하는 침묵기도 (말씀을 통해 발견한 하나님의 성품을 고백하며 기도합니다.)

✓ 회개와 감사 및 간구기도 (말씀으로 깨달은 회개의 내용과 중보의 제목으로 기도합니다.)

✓ 감사일기   일째

_____
_____

말씀묵상 및 필사 (반복해서 본문을 읽고 묵상한 후 필사합니다.)

· 너희의 하나님 여호와는 신 가운데 신이시며 주 가운데 주시요 크고 능하시며 두려우신 하나
님이시라 사람을 외모로 보지 아니하시며 뇌물을 받지 아니하시고 (신 10:17)

· 이는 만물이 주에게서 나오고 주로 말미암고 주에게로 돌아감이라 그에게 영광이 세세에 있을
지어다 아멘 (롬 11:36)

✓ 말씀으로 드리는 고백기도

만물이 주님으로 말미암고 하늘과 땅에서 보이는 것과 보이지 않는 모든 것이 주님을 위해 창조
되었음을 믿습니다. 주님께서 계획하신 내 삶의 모든 일들이 헤아릴 수 없는 섭리와 주권 안에서
성취되었음을 믿습니다. 주님의 능력과 권세가 무엇인지 더 똑똑히 보고 알게 하소서.

✓ 하나님의 성품을 묵상하는 침묵기도 (말씀을 통해 발견한 하나님의 성품을 고백하며 기도합니다.)

✓ 회개와 감사 및 간구기도 (말씀으로 깨달은 회개의 내용과 중보의 제목으로 기도합니다.)

✓ 감사일기   일째

말씀묵상 및 필사 (반복해서 본문을 읽고 묵상한 후 필사합니다.)

· 내 백성이 두 가지 악을 행하였나니 곧 그들이 생수의 근원되는 나를 버린 것과 스스로 웅덩이
  를 판 것인데 그것은 그 물을 가두지 못할 터진 웅덩이들이니라 (렘 2:13)

· 수고하고 무거운 짐 진 자들아 다 내게로 오라 내가 너희를 쉬게 하리라 (마 11:28)

_____

_____

_____

_____

_____

_____

_____

_____

_____

_____

√ 말씀으로 드리는 고백기도

　사랑의 하나님, 하나님 없는 삶이 어떻게 되는지 반드시 깨달아 알게 하소서. 나의 의와 형식과
틀을 버리고 새롭게 하시는 성령님을 의지하게 하소서. 주님, 오늘도 내 뜻과 마음으로 일하다 지
친 우리를 사랑의 손길로 안아 주소서.

√ 하나님의 성품을 묵상하는 침묵기도 (말씀을 통해 발견한 하나님의 성품을 고백하며 기도합니다.)

√ 회개와 감사 및 간구기도 (말씀으로 깨달은 회개의 내용과 중보의 제목으로 기도합니다.)

√ 감사일기　　　일째

_____

_____

말씀묵상 및 필사 (반복해서 본문을 읽고 묵상한 후 필사합니다.)

· 여호와께서 이르시되 내가 그들과 세운 나의 언약이 이러하니 곧 네 위에 있는 나의 영과 네 입에 둔 나의 말이 이제부터 영원하도록 네 입에서와 네 후손의 입에서와 네 후손의 후손의 입에서 떠나지 아니하리라 하시니라 여호와의 말씀이니라 (사 59:21)

· 오직 주의 말씀은 세세토록 있도다 하였으니 너희에게 전한 복음이 곧 이 말씀이니라 (벧전 1:25)

_____

_____

_____

_____

_____

_____

_____

_____

✓ 말씀으로 드리는 고백기도

하나님은 놀라운 음성을 내시며 우리가 헤아릴 수 없는 큰 일을 말씀으로 행하시는 분이십니다. 말씀으로 세상을 창조하신 하나님, 주님의 약속을 지키고 행하는 자에게 인자하심을 베풀어 주소서.

✓ 하나님의 성품을 묵상하는 침묵기도 (말씀을 통해 발견한 하나님의 성품을 고백하며 기도합니다.)

✓ 회개와 감사 및 간구기도 (말씀으로 깨달은 회개의 내용과 중보의 제목으로 기도합니다.)

✓ 감사일기   일째

_____

_____

말씀묵상 및 필사 (반복해서 본문을 읽고 묵상한 후 필사합니다.)

· 나의 영혼이 잠잠히 하나님만 바람이여 나의 구원이 그에게서 나오는도다 (시 62:1)

· 그러므로 내가 너희에게 말하노니 무엇이든지 기도하고 구하는 것은 받은 줄로 믿으라 그리하면 너희에게 그대로 되리라 (막 11:24)

✓ 말씀으로 드리는 고백기도

하나님의 능력을 의심하지 않게 하소서. 우리의 기도가 하나님의 뜻과 마음에 일치하게 하소서. 우리의 영혼이 주님을 향하고 주님의 영이 우리를 다스려 주실 것을 믿습니다. 주님, 우리의 영혼 깊은 곳의 울음을 들어주소서.

✓ 하나님의 성품을 묵상하는 침묵기도 (말씀을 통해 발견한 하나님의 성품을 고백하며 기도합니다.)

✓ 회개와 감사 및 간구기도 (말씀으로 깨달은 회개의 내용과 중보의 제목으로 기도합니다.)

✓ 감사일기   일째

✔ 한 주간의 영성훈련을 점검합니다. (참여가 어려웠던 이유를 기록한 후 개선할 내용을 적어봅시다.)

☐ 1년 성경통독   ☐ 말씀묵상 및 필사   ☐ 침묵기도

☐ 감사와 회개의 기도   ☐ 감사일기   *열심히 참여 (○), 조금 부족 (△), 참여 못함 (×)

✔ 순례자의 노트를 작성하는 동안 가장 은혜로웠던 순간을 적어보세요.

✔ (1인) 　가정예배

· 사도신경 　　　　　· 찬송 : 449장 (예수 따라가며)

· 성경읽기 : 누가복음 5장 1-11절 　· 기도 : 본인 또는 가족 중 　　· 주기도문

3. 31. (일)

✔ 주일설교 묵상

105

Apr.

성경 묵상은 하나님과 대화하는 시간입니다. 이 대화를 통해 우리는 하나님의 마음을 알아가고 인생의 방향을 그분의 뜻에 일치시킵니다. 오늘의 삶의 의미와 가치를 깨닫고 하나님이 주시는 복되고 풍성한 삶을 누리는 길이 성경 묵상에 있습니다. 비록 말씀 묵상은 많은 시간과 노력이 요구되지만, 하나님의 뜻을 발견하고 복있는 삶을 영위하기 위해 반드시 필요한 영성 생활입니다.

말씀묵상 및 필사 (반복해서 본문을 읽고 묵상한 후 필사합니다.)

· 그의 거룩한 이름을 자랑하라 여호와를 구하는 자들은 마음이 즐거울지로다 (시 105:3)

· 여자들이 두려워 얼굴을 땅에 대니 두 사람이 이르되 어찌하여 살아 있는 자를 죽은 자 가운데서 찾느냐 (눅 24:5)

✓ 말씀으로 드리는 고백기도

　우리를 택하사 자녀 삼아주시는 하나님의 주권을 찬양합니다. 주님의 권능을 높여드립니다. 우리의 육체를 자랑하지 않고 오직 하나님만 자랑하게 하소서. 부활의 주님을 찬양하고 기쁨으로 주님 앞에 서게 하소서.

✓ 하나님의 성품을 묵상하는 침묵기도 (말씀을 통해 발견한 하나님의 성품을 고백하며 기도합니다.)

✓ 회개와 감사 및 간구기도 (말씀으로 깨달은 회개의 내용과 중보의 제목으로 기도합니다.)

✓ 감사일기   　일째

말씀묵상 및 필사 (반복해서 본문을 읽고 묵상한 후 필사합니다.)

· 너희는 예루살렘의 마음에 닿도록 말하며 그것에게 외치라 그 노역의 때가 끝났고 그 죄악이
  사함을 받았느니라 그의 모든 죄로 말미암아 여호와의 손에서 벌을 배나 받았느니라 할지니라
  하시니라 (사 40:2)

· 친히 나무에 달려 그 몸으로 우리 죄를 담당하셨으니 이는 우리로 죄에 대하여 죽고 의에 대하
  여 살게 하려 하심이라 그가 채찍에 맞음으로 너희는 나음을 얻었나니 (벧전 2:24)

_____

_____

_____

_____

_____

_____

_____

_____

✓ 말씀으로 드리는 고백기도
  옷이 아니라 마음을 찢고 주님께 달려갑니다. 여호와께 돌이켜 나아갑니다. 노하기를 더디하시
며 인애가 크신 주님, 우리를 안아주소서. 십자가의 은혜로 우리를 사하시며 고쳐주소서.

✓ 하나님의 성품을 묵상하는 침묵기도 (말씀을 통해 발견한 하나님의 성품을 고백하며 기도합니다.)

✓ 회개와 감사 및 간구기도 (말씀으로 깨달은 회개의 내용과 중보의 제목으로 기도합니다.)

✓ 감사일기   일째

_____

_____

말씀묵상 및 필사 (반복해서 본문을 읽고 묵상한 후 필사합니다.)

· 여호와는 그 얼굴을 네게로 향하여 드사 평강 주시기를 원하노라 할지니라 하라 (민 6:26)

· 그리하면 모든 지각에 뛰어난 하나님의 평강이 그리스도 예수 안에서 너희 마음과 생각을 지키시리라 (빌 4:7)

_____

_____

_____

_____

_____

_____

_____

_____

_____

✓ 말씀으로 드리는 고백기도

돋는 해가 위로부터 우리에게 임하듯 번민과 고통 속에 있는 우리에게 빛을 비추소서. 주님의 긍휼한 빛으로 우리를 평안으로 인도하소서. 주님의 뜻을 주님의 지혜로 밝히 알려 주소서. 그 길만이 우리에게 평강의 길이 됨을 믿습니다.

✓ 하나님의 성품을 묵상하는 침묵기도 (말씀을 통해 발견한 하나님의 성품을 고백하며 기도합니다.)

✓ 회개와 감사 및 간구기도 (말씀으로 깨달은 회개의 내용과 중보의 제목으로 기도합니다.)

✓ 감사일기   일째

_____

_____

말씀묵상 및 필사 (반복해서 본문을 읽고 묵상한 후 필사합니다.)

· 주의 크신 긍휼로 그들을 아주 멸하지 아니하시며 버리지도 아니하셨사오니 주는 은혜로우시고 불쌍히 여기시는 하나님이심이니이다 (느 9:31)

· 내가 너희에게 전한 것은 주께 받은 것이니 곧 주 예수께서 잡히시던 밤에 떡을 가지사 축사하시고 떼어 이르시되 이것은 너희를 위하는 내 몸이니 이것을 행하여 나를 기념하라 하시고 식후에 또한 그와 같이 잔을 가지시고 이르시되 이 잔은 내 피로 세운 새 언약이니 이것을 행하여 마실 때마다 나를 기념하라 하셨으니 (고전 11:23-25)

✓ 말씀으로 드리는 고백기도

우리가 떡을 떼고 잔을 나누며 그리스도의 몸에 참여하게 하시니 감사합니다. 지금까지 우리에게 기적을 기억하게 하시는 주님의 섭리와 은혜를 찬양합니다. 이 모든 축복을 누리는 기쁨을 잃지 않게 하소서.

✓ 하나님의 성품을 묵상하는 침묵기도 (말씀을 통해 발견한 하나님의 성품을 고백하며 기도합니다.)

✓ 회개와 감사 및 간구기도 (말씀으로 깨달은 회개의 내용과 중보의 제목으로 기도합니다.)

✓ 감사일기   일째

말씀묵상 및 필사 (반복해서 본문을 읽고 묵상한 후 필사합니다.)

· 예루살렘이여 내가 너의 성벽 위에 파수꾼을 세우고 그들로 하여금 주야로 계속 잠잠하지 않
 게 하였느니라 너희 여호와로 기억하시게 하는 자들아 너희는 쉬지 말며 (사 62:6)

· 내가 받은 것을 먼저 너희에게 전하였노니 이는 성경대로 그리스도께서 우리 죄를 위하여 죽
 으시고 장사 지낸 바 되셨다가 성경대로 사흘 만에 다시 살아나사 (고전 15:3-4)

✓ 말씀으로 드리는 고백기도

 주님, 우리의 마음을 넓혀 주소서. 주님께서 주신 명령을 기억합니다. 맡기신 사명을 무시하는 삶
을 살지 않게 하소서. 우리에게 그리스도의 사랑과 긍휼의 마음을 부어주소서. 성령님께서 주시는
능력으로 전하고 섬기고 사랑하게 하소서.

✓ 하나님의 성품을 묵상하는 침묵기도 (말씀을 통해 발견한 하나님의 성품을 고백하며 기도합니다.)

✓ 회개와 감사 및 간구기도 (말씀으로 깨달은 회개의 내용과 중보의 제목으로 기도합니다.)

✓ 감사일기   일째

✔ **한 주간의 영성훈련을 점검합니다.** (참여가 어려웠던 이유를 기록한 후 개선할 내용을 적어봅시다.)

- [ ] 1년 성경통독
- [ ] 말씀묵상 및 필사
- [ ] 침묵기도
- [ ] 감사와 회개의 기도
- [ ] 감사일기

*열심히 참여 (○), 조금 부족 (△), 참여 못함 (×)

✔ **순례자의 노트를 작성하는 동안 가장 은혜로웠던 순간을 적어보세요.**

_____

_____

_____

_____

_____

_____

_____

_____

_____

✔ (1인)   **가정예배**

· 사도신경　　　　　　　　· 찬송 : 144장 (예수 나를 위하여)

· 성경읽기 : 마가복음 1장 40-45절　· 기도 : 본인 또는 가족 중　　　· 주기도문

4. 7. (일)

✔ **주일설교 묵상**

_____

_____

_____

_____

_____

_____

말씀묵상 및 필사 (반복해서 본문을 읽고 묵상한 후 필사합니다.)

· 산들이 떠나며 언덕들은 옮겨질지라도 나의 자비는 네게서 떠나지 아니하며 나의 화평의 언약은 흔들리지 아니하리라 너를 긍휼히 여기시는 여호와께서 말씀하셨느니라 (사 54:10)

· 평안을 너희에게 끼치노니 곧 나의 평안을 너희에게 주노라 내가 너희에게 주는 것은 세상이 주는 것과 같지 아니하니라 너희는 마음에 근심하지도 말고 두려워하지도 말라 (요 14:27)

_____
_____
_____
_____
_____
_____
_____
_____
_____

✓ 말씀으로 드리는 고백기도

주님의 약속만이 우리를 평안으로 인도합니다. 주님의 약속은 흔들리지 않습니다. 말씀의 약속대로 우리의 지경을 평안하게 하소서. 아름다운 음식으로 우리를 채우소서. 그리스도의 평강으로 우리의 마음을 가득하게 채우소서.

✓ 하나님의 성품을 묵상하는 침묵기도 (말씀을 통해 발견한 하나님의 성품을 고백하며 기도합니다.)

✓ 회개와 감사 및 간구기도 (말씀으로 깨달은 회개의 내용과 중보의 제목으로 기도합니다.)

✓ 감사일기   일째

_____
_____

말씀묵상 및 필사 (반복해서 본문을 읽고 묵상한 후 필사합니다.)

· 그가 곤욕을 당하여 괴로울 때에도 그의 입을 열지 아니하였음이여 마치 도수장으로 끌려 가는 어린 양과 털 깎는 자 앞에서 잠잠한 양 같이 그의 입을 열지 아니하였도다 (사 53:7)

· 그러나 이제 그리스도께서 죽은 자 가운데서 다시 살아나사 잠자는 자들의 첫 열매가 되셨도다 (고전 15:20)

✓ 말씀으로 드리는 고백기도

　주님의 진실하신 말씀을 기억합니다. 한 알의 밀이 땅에 떨어져 죽어야 많은 열매를 맺는 줄 믿습니다. 십자가의 순종이 한 없는 희생임을 깊이 깨닫게 하소서. 철저히 자신을 버리시고 하나님의 큰 뜻이 이루어지길 원하셨던 예수 그리스도의 마음을 닮게 하소서.

✓ 하나님의 성품을 묵상하는 침묵기도 (말씀을 통해 발견한 하나님의 성품을 고백하며 기도합니다.)

✓ 회개와 감사 및 간구기도 (말씀으로 깨달은 회개의 내용과 중보의 제목으로 기도합니다.)

✓ 감사일기　　일째

말씀묵상 및 필사 (반복해서 본문을 읽고 묵상한 후 필사합니다.)

· 발람이 대답하여 이르되 여호와께서 내 입에 주신 말씀을 내가 어찌 말하지 아니할 수 있으리이까 (민 23:12)

· 만일 누가 말하려면 하나님의 말씀을 하는 것 같이 하고 누가 봉사하려면 하나님이 공급하시는 힘으로 하는 것 같이 하라 이는 범사에 예수 그리스도로 말미암아 하나님이 영광을 받으시게 하려 함이니 그에게 영광과 권능이 세세에 무궁하도록 있느니라 아멘 (벧전 4:11)

✓ 말씀으로 드리는 고백기도

주님은 살아계십니다. 주님의 명령을 순종하게 하시는 성령님의 일하심을 믿습니다. 주님께서 말씀하시는 진리를 주님의 능력과 사랑과 인내로 전하게 하소서. 풍성하고 신령한 열매를 맺게 하실 신실하신 하나님을 찬양합니다.

✓ 하나님의 성품을 묵상하는 침묵기도 (말씀을 통해 발견한 하나님의 성품을 고백하며 기도합니다.)

✓ 회개와 감사 및 간구기도 (말씀으로 깨달은 회개의 내용과 중보의 제목으로 기도합니다.)

✓ 감사일기   일째

말씀묵상 및 필사 (반복해서 본문을 읽고 묵상한 후 필사합니다.)

· 사람이 어찌 하나님보다 의롭겠느냐 사람이 어찌 그 창조하신 이보다 깨끗하겠느냐 (욥 4:17)

· 그가 우리를 대신하여 자신을 주심은 모든 불법에서 우리를 속량하시고 우리를 깨끗하게 하사 선한 일을 열심히 하는 자기 백성이 되게 하려 하심이라 (딛 2:14)

_____

_____

_____

_____

_____

_____

_____

_____

_____

_____

✓ 말씀으로 드리는 고백기도

하나님, 주님의 인자하심을 따라 우리에게 은혜를 베푸소서. 주님의 긍휼을 따라 우리의 죄악을 지우소서. 우리는 그리스도 안에서 그 은혜의 풍성함으로 죄사함을 받았습니다. 성령님, 이제 거룩한 삶을 살게 하소서.

✓ 하나님의 성품을 묵상하는 침묵기도 (말씀을 통해 발견한 하나님의 성품을 고백하며 기도합니다.)

✓ 회개와 감사 및 간구기도 (말씀으로 깨달은 회개의 내용과 중보의 제목으로 기도합니다.)

✓ 감사일기   일째

_____

_____

말씀묵상 및 필사 (반복해서 본문을 읽고 묵상한 후 필사합니다.)

· 우리 아버지의 하나님, 아브라함의 하나님 곧 이삭이 경외하는 이가 나와 함께 계시지 아니하
셨더라면 외삼촌께서 이제 나를 빈손으로 돌려보내셨으리이다마는 하나님이 내 고난과 내 손
의 수고를 보시고 어제 밤에 외삼촌을 책망하셨나이다 (창 31:42)

· 그러므로 내 사랑하는 형제들아 견실하며 흔들리지 말고 항상 주의 일에 더욱 힘쓰는 자들이
되라 이는 너희 수고가 주 안에서 헛되지 않은 줄 앎이라 (고전 15:58)

✓ 말씀으로 드리는 고백기도

하나님께서 우리를 흠 없는 자녀로 삼으셨습니다. 빛을 비추고 생명의 말씀을 전하며 살아가게
하소서. 주님을 위한 우리의 달음질과 수고가 헛되지 않고, 그리스도께서 오시는 날 주님 앞에서
칭찬 받게 하소서. 우리의 상급이 하늘에 있음을 믿습니다.

✓ 하나님의 성품을 묵상하는 침묵기도 (말씀을 통해 발견한 하나님의 성품을 고백하며 기도합니다.)

✓ 회개와 감사 및 간구기도 (말씀으로 깨달은 회개의 내용과 중보의 제목으로 기도합니다.)

✓ 감사일기   일째

✓ 한 주간의 영성훈련을 점검합니다. (참여가 어려웠던 이유를 기록한 후 개선할 내용을 적어봅시다.)

☐ 1년 성경통독   ☐ 말씀묵상 및 필사   ☐ 침묵기도

☐ 감사와 회개의 기도   ☐ 감사일기   *열심히 참여 (○), 조금 부족 (△), 참여 못함 (×)

✓ 순례자의 노트를 작성하는 동안 가장 은혜로웠던 순간을 적어보세요.

_____

_____

_____

_____

_____

_____

_____

_____

_____

✓ (1인)   가정예배

· 사도신경   · 찬송 : 361장 (기도하는 이 시간)

· 성경읽기 : 마가복음 2장 1-12절   · 기도 : 본인 또는 가족 중   · 주기도문

4. 14. (일)

✓ 주일설교 묵상

_____

_____

_____

_____

_____

말씀묵상 및 필사 (반복해서 본문을 읽고 묵상한 후 필사합니다.)

· 여호와여 주는 나의 등불이시니 여호와께서 나의 어둠을 밝히시리이다 (삼하 22:29)

· 나는 빛으로 세상에 왔나니 무릇 나를 믿는 자로 어둠에 거하지 않게 하려 함이로라 (요 12:46)

_____

_____

_____

_____

_____

_____

_____

_____

_____

✓ 말씀으로 드리는 고백기도

주님, 우리를 어둠과 죽음의 그늘에서 해방되게 하소서. 밝은 빛으로 비추시고 평강의 길로 인도하소서. 주님이 열어주시는 생명과 평강의 길을 걷게 하소서. 불안과 근심의 길을 벗어나게 하소서.

✓ 하나님의 성품을 묵상하는 침묵기도 (말씀을 통해 발견한 하나님의 성품을 고백하며 기도합니다.)

✓ 회개와 감사 및 간구기도 (말씀으로 깨달은 회개의 내용과 중보의 제목으로 기도합니다.)

✓ 감사일기   일째

_____

_____

말씀묵상 및 필사 (반복해서 본문을 읽고 묵상한 후 필사합니다.)

· 여호와여 우리가 주께 바라는 대로 주의 인자하심을 우리에게 베푸소서 (시 33:22)

· 너희는 그 은혜에 의하여 믿음으로 말미암아 구원을 받았으니 이것은 너희에게서 난 것이 아니요 하나님의 선물이라 (엡 2:8)

✓ 말씀으로 드리는 고백기도

황폐한 곳을 회복하시고 구원을 이루시는 하나님을 찬양합니다. 어둠 속에서도 하나님을 찬양할 수 있음은 때마다 은혜를 주시는 하나님을 신뢰하기 때문입니다. 실수하고 넘어지지만 주님만 의지합니다. 우리를 도우소서.

✓ 하나님의 성품을 묵상하는 침묵기도 (말씀을 통해 발견한 하나님의 성품을 고백하며 기도합니다.)

✓ 회개와 감사 및 간구기도 (말씀으로 깨달은 회개의 내용과 중보의 제목으로 기도합니다.)

✓ 감사일기   일째

말씀묵상 및 필사 (반복해서 본문을 읽고 묵상한 후 필사합니다.)

· 우리 주는 위대하시며 능력이 많으시며 그의 지혜가 무궁하시도다 (시 147:5)

· 예수께서 그들을 보시며 이르시되 사람으로는 할 수 없으되 하나님으로는 그렇지 아니하니 하나님으로서는 다 하실 수 있느니라 (막 10:27)

_____

_____

_____

_____

_____

_____

_____

_____

_____

_____

_____

✓ 말씀으로 드리는 고백기도

위대하신 주님, 우리 주님께는 능히 하지 못하실 일이 하나도 없으신 줄 믿습니다. 주님을 경외합니다. 주님을 찬양합니다. 우리를 구원하신 능력을 바라보며 나아갑니다. 주님의 능력 안에서 살아가게 하소서.

✓ 하나님의 성품을 묵상하는 침묵기도 (말씀을 통해 발견한 하나님의 성품을 고백하며 기도합니다.)

✓ 회개와 감사 및 간구기도 (말씀으로 깨달은 회개의 내용과 중보의 제목으로 기도합니다.)

✓ 감사일기   일째

_____

_____

말씀묵상 및 필사 (반복해서 본문을 읽고 묵상한 후 필사합니다.)

· 네 경내를 평안하게 하시고 아름다운 밀로 너를 배불리시며 (시 147:14)

· 화평하게 하는 자는 복이 있나니 그들이 하나님의 아들이라 일컬음을 받을 것임이요 (마 5:9)

_____

_____

_____

_____

_____

_____

_____

_____

_____

_____

✓ 말씀으로 드리는 고백기도

　주님 안에서 성숙한 그리스도인으로 자라나게 하소서. 본성을 따르는 삶이 아니라 성령님의 인도하심 아래서 주님께 충성하는 삶이 되게 하소서. 화평의 일과 덕을 세우는 일에 힘쓰며 주님께 칭찬 듣기를 원합니다.

✓ 하나님의 성품을 묵상하는 침묵기도 (말씀을 통해 발견한 하나님의 성품을 고백하며 기도합니다.)

✓ 회개와 감사 및 간구기도 (말씀으로 깨달은 회개의 내용과 중보의 제목으로 기도합니다.)

✓ 감사일기　　　일째

_____

_____

말씀묵상 및 필사 (반복해서 본문을 읽고 묵상한 후 필사합니다.)

· 내가 그들에게 한 마음을 주고 그 속에 새 영을 주며 그 몸에서 돌 같은 마음을 제거하고 살처럼 부드러운 마음을 주어 (겔 11:19)

· 그런즉 누구든지 그리스도 안에 있으면 새로운 피조물이라 이전 것은 지나갔으니 보라 새 것이 되었도다 (고후 5:17)

_____

_____

_____

_____

_____

_____

_____

✓ 말씀으로 드리는 고백기도

우리를 날마다 새롭게 하시는 성령님, 주님 안에서 새로워질 수 있음을 믿습니다. 나의 죄를 씻으시고, 창조와 지혜와 생명과 사랑의 영으로 채우시는 하나님을 찬양합니다. 주님을 닮은 피조물이 되게 하소서.

✓ 하나님의 성품을 묵상하는 침묵기도 (말씀을 통해 발견한 하나님의 성품을 고백하며 기도합니다.)

✓ 회개와 감사 및 간구기도 (말씀으로 깨달은 회개의 내용과 중보의 제목으로 기도합니다.)

✓ 감사일기   일째

_____

_____

✔ 한 주간의 영성훈련을 점검합니다. (참여가 어려웠던 이유를 기록한 후 개선할 내용을 적어봅시다.)

☐ 1년 성경통독 ☐ 말씀묵상 및 필사 ☐ 침묵기도
☐ 감사와 회개의 기도 ☐ 감사일기 *열심히 참여 (○), 조금 부족 (△), 참여 못함 (×)

✔ 순례자의 노트를 작성하는 동안 가장 은혜로웠던 순간을 적어보세요.

✔ (1인) 가정예배

· 사도신경 · 찬송 : 370장 (주 안에 있는 나에게)
· 성경읽기 : 요한복음 5장 1-18절 · 기도 : 본인 또는 가족 중 · 주기도문

4. 21. (일)

✔ 주일설교 묵상

말씀묵상 및 필사 (반복해서 본문을 읽고 묵상한 후 필사합니다.)

· 이러므로 나의 평생에 주를 송축하며 주의 이름으로 말미암아 나의 손을 들리이다 (시 63:4)

· 그러면 어떻게 할까 내가 영으로 기도하고 또 마음으로 기도하며 내가 영으로 찬송하고 또 마음으로 찬송하리라 (고전 14:15)

_____

_____

_____

_____

_____

_____

_____

_____

_____

_____

✓ 말씀으로 드리는 고백기도

주님, 우리는 세상이 아닌 오직 하나님으로부터 온 영을 받은 자들입니다. 하나님께서 우리에게 주신 신령한 선물을 알고 믿고 찬양하게 하소서. 주님께서 행하시는 선하고 놀라운 일들에 날마다 눈 뜨게 하시고 영의 사람으로 살아가게 하소서.

✓ 하나님의 성품을 묵상하는 침묵기도 (말씀을 통해 발견한 하나님의 성품을 고백하며 기도합니다.)

✓ 회개와 감사 및 간구기도 (말씀으로 깨달은 회개의 내용과 중보의 제목으로 기도합니다.)

✓ 감사일기   일째

_____

_____

말씀묵상 및 필사 (반복해서 본문을 읽고 묵상한 후 필사합니다.)

· 오직 너희는 여호와의 제사장이라 일컬음을 받을 것이라 사람들이 너희를 우리 하나님의 봉사자라 할 것이며 너희가 이방 나라들의 재물을 먹으며 그들의 영광을 얻어 자랑할 것이니라 (사 61:6)

· 그러나 너희는 택하신 족속이요 왕 같은 제사장들이요 거룩한 나라요 그의 소유가 된 백성이니 이는 너희를 어두운 데서 불러 내어 그의 기이한 빛에 들어가게 하신 이의 아름다운 덕을 선포하게 하려 하심이라 (벧전 2:9)

✓ 말씀으로 드리는 고백기도

온 세계의 주인이신 하나님, 나는 주님의 것입니다. 하나님께 속한 자로 거룩한 삶을 살게 하소서. 내가 거룩하니 너희도 거룩하라 하신 명령에 철저히 순종하며 살아가게 하소서. 성령으로 충만하게 하소서.

✓ 하나님의 성품을 묵상하는 침묵기도 (말씀을 통해 발견한 하나님의 성품을 고백하며 기도합니다.)

✓ 회개와 감사 및 간구기도 (말씀으로 깨달은 회개의 내용과 중보의 제목으로 기도합니다.)

✓ 감사일기   일째

말씀묵상 및 필사 (반복해서 본문을 읽고 묵상한 후 필사합니다.)

· 대대로 주께서 행하시는 일을 크게 찬양하며 주의 능한 일을 선포하리로다 (시 145:4)

· 맹인과 저는 자들이 성전에서 예수께 나아오매 고쳐주시니 대제사장들과 서기관들이 예수께서 하시는 이상한 일과 또 성전에서 소리 질러 호산나 다윗의 자손이여 하는 어린이들을 보고 노하여 (마 21:14-15)

_____

_____

_____

_____

_____

_____

_____

_____

_____

✓ 말씀으로 드리는 고백기도

우리 하나님은 헤아릴 수 없이 큰 일을 이루시며 기이한 일을 셀 수 없이 행하시는 분이십니다. 하나님의 크심을 제대로 보지 못하는 우리를 용서하소서. 눈을 들어 주님을 바라봅니다. 주님의 광대하심을 다시 묵상합니다. 온전히 우리의 삶을 의탁하오니 도와주소서.

✓ 하나님의 성품을 묵상하는 침묵기도 (말씀을 통해 발견한 하나님의 성품을 고백하며 기도합니다.)

✓ 회개와 감사 및 간구기도 (말씀으로 깨달은 회개의 내용과 중보의 제목으로 기도합니다.)

✓ 감사일기   일째

_____

_____

말씀묵상 및 필사 (반복해서 본문을 읽고 묵상한 후 필사합니다.)

· 여호와를 경외하는 것은 지혜의 훈계라 겸손은 존귀의 길잡이니라 (잠 15:33)

· 만일 누구든지 무엇을 아는 줄로 생각하면 아직도 마땅히 알 것을 알지 못하는 것이요 또 누구
든지 하나님을 사랑하면 그 사람은 하나님도 알아 주시느니라 (고전 8:2-3)

_____

_____

_____

_____

_____

_____

_____

_____

_____

✔ 말씀으로 드리는 고백기도

　주님 외에 아무도 경외할 이 없습니다. 주님의 현존 앞에 무릎을 꿇고 겸손히 나아갑니다. 여호
와의 명령을 지키고 주님의 훈계를 따라가는 것이 경외하는 것임을 깨닫습니다. 전심으로 주님을
사랑하고 주님의 뜻을 따라 살게 하소서.

✔ 하나님의 성품을 묵상하는 침묵기도 (말씀을 통해 발견한 하나님의 성품을 고백하며 기도합니다.)

✔ 회개와 감사 및 간구기도 (말씀으로 깨달은 회개의 내용과 중보의 제목으로 기도합니다.)

✔ 감사일기　　일째

_____

_____

말씀묵상 및 필사 (반복해서 본문을 읽고 묵상한 후 필사합니다.)

· 언약서를 가져다가 백성에게 낭독하여 듣게 하니 그들이 이르되 여호와의 모든 말씀을 우리가 준행하리이다 (출 24:7)

· 너희가 서로 사랑하면 이로써 모든 사람이 너희가 내 제자인 줄 알리라 (요 13:35)

✓ 말씀으로 드리는 고백기도

주여 주여 하는 자가 아니라 하늘에 계신 아버지의 뜻대로 행하는 자가 복있는 자임을 믿습니다. 성령님, 오늘도 우리의 심령을 새롭게 하소서. 어그러진 삶의 방식을 고치고 주님의 뜻에 순종하며 살아가게 하소서.

✓ 하나님의 성품을 묵상하는 침묵기도 (말씀을 통해 발견한 하나님의 성품을 고백하며 기도합니다.)

✓ 회개와 감사 및 간구기도 (말씀으로 깨달은 회개의 내용과 중보의 제목으로 기도합니다.)

✓ 감사일기   일째

✔ **한 주간의 영성훈련을 점검합니다.** (참여가 어려웠던 이유를 기록한 후 개선할 내용을 적어봅시다.)

☐ 1년 성경통독   ☐ 말씀묵상 및 필사   ☐ 침묵기도

☐ 감사와 회개의 기도   ☐ 감사일기   *열심히 참여 (○), 조금 부족 (△), 참여 못함 (×)

✔ **순례자의 노트를 작성하는 동안 가장 은혜로웠던 순간을 적어보세요.**

_____

_____

_____

_____

_____

_____

_____

_____

_____

✔ **(1인)**   **가정예배**

· 사도신경   · 찬송 : 434장 (귀하신 친구 내게 계시니)

· 성경읽기 : 마태복음 5장 1-12절   · 기도 : 본인 또는 가족 중   · 주기도문

✔ **주일설교 묵상**

_____

_____

_____

_____

_____

_____

_____

말씀묵상 및 필사 (반복해서 본문을 읽고 묵상한 후 필사합니다.)

· 늙을 때에 나를 버리지 마시며 내 힘이 쇠약할 때에 나를 떠나지 마소서 (시 71:9)

· 그러므로 우리가 낙심하지 아니하노니 우리의 겉사람은 낡아지나 우리의 속사람은 날로 새로워지도다 (고후 4:16)

_____

_____

_____

_____

_____

_____

_____

_____

✓ **말씀으로 드리는 고백기도**

　주님, 인생의 마지막까지 주님과 함께 동행하는 복을 누리게 하소서. 예수 그리스도 예수 안에 있는 은혜 가운데서 강하고, 성령의 새롭게 하시는 능력 안에서 살아가게 하소서.

✓ **하나님의 성품을 묵상하는 침묵기도** (말씀을 통해 발견한 하나님의 성품을 고백하며 기도합니다.)

✓ **회개와 감사 및 간구기도** (말씀으로 깨달은 회개의 내용과 중보의 제목으로 기도합니다.)

✓ **감사일기**　　　일째

_____

_____

말씀묵상 및 필사 (반복해서 본문을 읽고 묵상한 후 필사합니다.)

· 그는 시냇가에 심은 나무가 철을 따라 열매를 맺으며 그 잎사귀가 마르지 아니함 같으니 그가 하는 모든 일이 다 형통하리로다 (시 1:3)

· 그들의 열매로 그들을 알지니 가시나무에서 포도를, 또는 엉겅퀴에서 무화과를 따겠느냐 (마 7:16)

_____

_____

_____

_____

_____

_____

_____

_____

_____

_____

✓ 말씀으로 드리는 고백기도

복있는 사람은 악인의 길을 따르지 않고 항상 의인의 길에 믿음으로 서 있는 자임을 믿습니다. 의인은 하나님의 말씀을 듣고 행하며 아름다운 열매를 맺습니다. 우리를 복있는 자가 되게 하소서.

✓ 하나님의 성품을 묵상하는 침묵기도 (말씀을 통해 발견한 하나님의 성품을 고백하며 기도합니다.)

✓ 회개와 감사 및 간구기도 (말씀으로 깨달은 회개의 내용과 중보의 제목으로 기도합니다.)

✓ 감사일기   일째

_____

_____

May.

| 어린이 주일
| 어버이 주일
| 성령 강림 주일

성경 묵상의 원리와 방법 1

1. 기도

성경 묵상은 하나님과 영적으로 대화하는 시간입니다. 먼저 성령님의 도 우심을 구하십시오. 묵상을 시작하기 전, 하나님의 음성을 듣기 위해 반 드시 기도해야 합니다.

2. 본문 읽기

묵상할 말씀을 여러 번 읽는 것이 중요합니다. 말씀 안에 담긴 내용이 무 엇인지 생각하고 찾는 일에 힘을 쏟으십시오. 방해하는 것들을 미리 정 리하는 것이 큰 도움이 됩니다.

3. 문맥 파악

말씀의 각 구절은 개별적으로 이루어진 것이 아닙니다. 전체적인 문맥 속에서 의미를 찾아보십시오. 묵상 구절이 속한 성경 장이나 책 전체의 문맥을 이해하고 파악하는 것이 중요합니다. 순례자의 노트를 이용해 묵 상하는 경우에도 앞 뒤 구절과 단락을 살피는 과정이 필요합니다.

말씀묵상 및 필사 (반복해서 본문을 읽고 묵상한 후 필사합니다.)

· 여호와를 바라는 너희들아 강하고 담대하라 (시 31:24)

· 오직 너 하나님의 사람아 이것들을 피하고 의와 경건과 믿음과 사랑과 인내와 온유를 따르며
(딤전 6:11)

_____

_____

_____

_____

_____

_____

_____

_____

_____

_____

✓ 말씀으로 드리는 고백기도

경건에 이르도록 연단하는 자들이 되게 하소서. 하나님을 향한 중심이 흔들리지 않도록 붙드소서. 물질적인 욕망에 이끌리지 않고 죄의 길에서 벗어나 좋으신 하나님만을 바라보게 하소서. 모든 것이 주님의 손에 있음을 믿습니다.

✓ 하나님의 성품을 묵상하는 침묵기도 (말씀을 통해 발견한 하나님의 성품을 고백하며 기도합니다.)

✓ 회개와 감사 및 간구기도 (말씀으로 깨달은 회개의 내용과 중보의 제목으로 기도합니다.)

✓ 감사일기   일째

_____

_____

말씀묵상 및 필사 (반복해서 본문을 읽고 묵상한 후 필사합니다.)

· 내 영혼아 네가 어찌하여 낙심하며 어찌하여 내 속에서 불안해 하는가 너는 하나님께 소망을 두라 나는 그가 나타나 도우심으로 말미암아 내 하나님을 여전히 찬송하리로다 (시 42:11)

· 모든 은혜의 하나님 곧 그리스도 안에서 너희를 부르사 자기의 영원한 영광에 들어가게 하신 이가 잠깐 고난을 당한 너희를 친히 온전하게 하시며 굳건하게 하시며 강하게 하시며 터를 견고하게 하시리라 (벧전 5:10)

___

✓ 말씀으로 드리는 고백기도
주님께서 우리를 삼키려는 자들로부터 구원하실 것을 믿습니다. 고난을 당하셨으나 부활의 승리를 이루신 예수님 때문에 낙심하지 않겠습니다. 하나님의 신실하신 그 사랑을 신뢰하고 나아갑니다. 우리를 위로하소서. 가장 선한 길로 인도하소서.

✓ 하나님의 성품을 묵상하는 침묵기도 (말씀을 통해 발견한 하나님의 성품을 고백하며 기도합니다.)

✓ 회개와 감사 및 간구기도 (말씀으로 깨달은 회개의 내용과 중보의 제목으로 기도합니다.)

✓ 감사일기   일째

___

말씀묵상 및 필사 (반복해서 본문을 읽고 묵상한 후 필사합니다.)

· 겁내는 자들에게 이르기를 굳세어라, 두려워하지 말라, 보라 너희 하나님이 오사 보복하시며 갚아 주실 것이라 하나님이 오사 너희를 구하시리라 하라 (사 35:4)

· 서머나 교회의 사자에게 편지하라 처음이며 마지막이요 죽었다가 살아나신 이가 이르시되 내가 네 환난과 궁핍을 알거니와 실상은 네가 부요한 자니라 자칭 유대인이라 하는 자들의 비방도 알거니와 실상은 유대인이 아니요 사탄의 회당이라 (계 2:8-9)

✓ 말씀으로 드리는 고백기도

　우리 주님께서 고난 당하는 자를 변호해 주시고 궁핍한 자에게 정의를 베풀어 주시는 줄 믿습니다. 불의하고 거짓된 세상에서 고통받고 억눌린 자들을 위해 오신 예수 그리스도를 바라봅니다. 주님, 주님의 능력으로 우리를 구속하소서.

✓ 하나님의 성품을 묵상하는 침묵기도 (말씀을 통해 발견한 하나님의 성품을 고백하며 기도합니다.)

✓ 회개와 감사 및 간구기도 (말씀으로 깨달은 회개의 내용과 중보의 제목으로 기도합니다.)

✓ 감사일기　　일째

✔ 한 주간의 영성훈련을 점검합니다. (참여가 어려웠던 이유를 기록한 후 개선할 내용을 적어봅시다.)

☐ 1년 성경통독 ☐ 말씀묵상 및 필사 ☐ 침묵기도
☐ 감사와 회개의 기도 ☐ 감사일기 *열심히 참여 (○), 조금 부족 (△), 참여 못함 (×)

✔ 순례자의 노트를 작성하는 동안 가장 은혜로웠던 순간을 적어보세요.

_____
_____
_____
_____
_____
_____
_____
_____

✔ (1인)　가정예배

· 사도신경　　　　　　　　· 찬송 : 246장 (나 가나안 땅 귀한 성에)
· 성경읽기 : 누가복음 7장 11-17절　· 기도 : 본인 또는 가족 중　　　· 주기도문

5. 5. (일)

✔ 주일설교 묵상

_____
_____
_____
_____
_____

말씀묵상 및 필사 (반복해서 본문을 읽고 묵상한 후 필사합니다.)

· 네가 고난 중에 부르짖으매 내가 너를 건졌고 우렛소리의 은밀한 곳에서 네게 응답하며 므리
  바 물 가에서 너를 시험하였도다 (시 81:7)

· 이에 제자들에게 이르시되 어찌하여 이렇게 무서워하느냐 너희가 어찌 믿음이 없느냐 하시니
  (막 4:40)

_____

_____

_____

_____

_____

_____

_____

_____

✓ 말씀으로 드리는 고백기도

　겸손하게 주님의 이름을 부릅니다. 주님께서 우리를 고난에서 건지시고 더 큰 은혜로 함께 하실
것을 믿습니다. 모든 일에 더욱 주님을 의지하며 살아가게 하소서. 동행하시는 주님을 신뢰하고
순종하게 하소서.

✓ 하나님의 성품을 묵상하는 침묵기도 (말씀을 통해 발견한 하나님의 성품을 고백하며 기도합니다.)

✓ 회개와 감사 및 간구기도 (말씀으로 깨달은 회개의 내용과 중보의 제목으로 기도합니다.)

✓ 감사일기   일째

_____

_____

말씀묵상 및 필사 (반복해서 본문을 읽고 묵상한 후 필사합니다.)

· 내 백성이 화평한 집과 안전한 거처와 조용히 쉬는 곳에 있으려니와 (사 32:18)

· 우리는 그의 약속대로 의가 있는 곳인 새 하늘과 새 땅을 바라보도다 (벧후 3:13)

_____

_____

_____

_____

_____

_____

_____

_____

_____

✓ 말씀으로 드리는 고백기도
부활의 몸을 입고 영원히 주님과 함께 할 천국의 소망이 우리에게 있게 하소서. 하나님 나라의 모든 축복 가운데로 우리를 인도하시는 주님을 찬양합니다. 주님 다시 오소서. 주님의 오심을 기다립니다.

✓ 하나님의 성품을 묵상하는 침묵기도 (말씀을 통해 발견한 하나님의 성품을 고백하며 기도합니다.)

✓ 회개와 감사 및 간구기도 (말씀으로 깨달은 회개의 내용과 중보의 제목으로 기도합니다.)

✓ 감사일기   일째

_____

_____

말씀묵상 및 필사 (반복해서 본문을 읽고 묵상한 후 필사합니다.)

· 그가 내게 간구하리니 내가 그에게 응답하리라 그들이 환난 당할 때에 내가 그와 함께 하여 그를 건지고 영화롭게 하리라 (시 91:15)

· 지금 내가 여러분을 주와 및 그 은혜의 말씀에 부탁하노니 그 말씀이 여러분을 능히 든든히 세우사 거룩하게 하심을 입은 모든 자 가운데 기업이 있게 하시리라 (행 20:32)

✓ 말씀으로 드리는 고백기도

주님, 주님의 백성에게 힘을 주시고 평강의 복을 더하소서. 주님의 말씀만을 의지하며 살아가는 자를 살피소서. 오직 하나님만이 우리의 주인이십니다. 주님만이 구원을 이루십니다. 오늘도 입술로 고백합니다. 우리와 함께 하소서.

✓ 하나님의 성품을 묵상하는 침묵기도 (말씀을 통해 발견한 하나님의 성품을 고백하며 기도합니다.)

✓ 회개와 감사 및 간구기도 (말씀으로 깨달은 회개의 내용과 중보의 제목으로 기도합니다.)

✓ 감사일기   일째

말씀묵상 및 필사 (반복해서 본문을 읽고 묵상한 후 필사합니다.)

· 내가 여호와를 항상 내 앞에 모심이여 그가 나의 오른쪽에 계시므로 내가 흔들리지 아니하리로다 (시 16:8)

· 그런즉 우리는 몸으로 있든지 떠나든지 주를 기쁘시게 하는 자가 되기를 힘쓰노라 (고후 5:9)

_____

_____

_____

_____

_____

_____

_____

_____

_____

✓ **말씀으로 드리는 고백기도**

주님, 항상 주님 곁에 머물기 원합니다. 하나님을 가장 최우선으로 모시는 경건한 자가 되게 하소서. 우리의 삶이 오직 주님을 영화롭게 하는 삶이 되게 하소서.

✓ **하나님의 성품을 묵상하는 침묵기도** (말씀을 통해 발견한 하나님의 성품을 고백하며 기도합니다.)

✓ **회개와 감사 및 간구기도** (말씀으로 깨달은 회개의 내용과 중보의 제목으로 기도합니다.)

✓ **감사일기**　　　**일째**

_____

_____

말씀묵상 및 필사 (반복해서 본문을 읽고 묵상한 후 필사합니다.)

· 주 여호와께서 이같이 말씀하셨느니라 내가 여러 민족 가운데에 흩어져 있는 이스라엘 족속을 모으고 그들로 말미암아 여러 나라의 눈 앞에서 내 거룩함을 나타낼 때에 그들이 고국 땅 곧 내 종 야곱에게 준 땅에 거주할지라 (겔 28:25)

· 하나님의 은사와 부르심에는 후회하심이 없느니라 (롬 11:29)

_____

_____

_____

_____

_____

_____

_____

_____

_____

✓ 말씀으로 드리는 고백기도

후회가 없으신 하나님, 신실하신 주님의 약속을 의지합니다. 온갖 허물과 후회 속에서 사는 우리에게 믿음을 더하소서. 두려움을 떨치고 용감하게 나아가게 하소서. 주님을 신뢰하는 자들에게 기적을 보이실 것을 믿습니다.

✓ 하나님의 성품을 묵상하는 침묵기도 (말씀을 통해 발견한 하나님의 성품을 고백하며 기도합니다.)

✓ 회개와 감사 및 간구기도 (말씀으로 깨달은 회개의 내용과 중보의 제목으로 기도합니다.)

✓ 감사일기   일째

_____

_____

✔ **한 주간의 영성훈련을 점검합니다.** (참여가 어려웠던 이유를 기록한 후 개선할 내용을 적어봅시다.)

☐ 1년 성경통독   ☐ 말씀묵상 및 필사   ☐ 침묵기도

☐ 감사와 회개의 기도   ☐ 감사일기   *열심히 참여 (○), 조금 부족 (△), 참여 못함 (×)

✔ **순례자의 노트를 작성하는 동안 가장 은혜로웠던 순간을 적어보세요.**

_____

_____

_____

_____

_____

_____

_____

_____

_____

✔ **(1인) 가정예배**

· 사도신경   · 찬송 : 191장 (내가 매일 기쁘게)

· 성경읽기 : 누가복음 7장 36-50절 · 기도 : 본인 또는 가족 중   · 주기도문

_____

5. 12. (일)

✔ **주일설교 묵상**

_____

_____

_____

_____

_____

_____

말씀묵상 및 필사 (반복해서 본문을 읽고 묵상한 후 필사합니다.)

· 환난 날에 나를 부르라 내가 너를 건지리니 네가 나를 영화롭게 하리로다 (시 50:15)

· 그러므로 너희 죄를 서로 고백하며 병이 낫기를 위하여 서로 기도하라 의인의 간구는 역사하는 힘이 큼이니라 (약 5:16)

_____

_____

_____

_____

_____

_____

_____

_____

_____

_____

✓ 말씀으로 드리는 고백기도

주님께 간절히 구합니다. 정욕을 따라 드린 기도의 시간을 회개하며 하나님의 뜻을 구합니다. 믿음으로 사랑으로 간절함으로 기도하기를 원합니다. 모든 기도에 응답하실 하나님을 찬양합니다.

✓ 하나님의 성품을 묵상하는 침묵기도 (말씀을 통해 발견한 하나님의 성품을 고백하며 기도합니다.)

✓ 회개와 감사 및 간구기도 (말씀으로 깨달은 회개의 내용과 중보의 제목으로 기도합니다.)

✓ 감사일기   일째

_____

_____

말씀묵상 및 필사 (반복해서 본문을 읽고 묵상한 후 필사합니다.)

· 하나님이여 우리가 주께 감사하고 감사함은 주의 이름이 가까움이라 사람들이 주의 기이한 일들을 전파하나이다 (시 75:1)

· 찬송하리로다 오는 우리 조상 다윗의 나라여 가장 높은 곳에서 호산나 하더라 (막 11:10)

_____

_____

_____

_____

_____

_____

_____

_____

_____

_____

✓ 말씀으로 드리는 고백기도

이 땅에 오신 예수 그리스도의 아름다운 이름을 찬양합니다. 불의와 죄악이 가득한 세상에 거룩함과 진리와 말씀과 사랑과 능력으로 오셨습니다. 구속을 받은 우리가 이제부터 주님의 나라를 전하게 하소서.

✓ 하나님의 성품을 묵상하는 침묵기도 (말씀을 통해 발견한 하나님의 성품을 고백하며 기도합니다.)

✓ 회개와 감사 및 간구기도 (말씀으로 깨달은 회개의 내용과 중보의 제목으로 기도합니다.)

✓ 감사일기   일째

_____

_____

말씀묵상 및 필사 (반복해서 본문을 읽고 묵상한 후 필사합니다.)

· 이스라엘 자손들아 여호와의 말씀을 들으라 여호와께서 이 땅 주민과 논쟁하시나니 이 땅에는 진실도 없고 인애도 없고 하나님을 아는 지식도 없고 (호 4:1)

· 세리는 멀리 서서 감히 눈을 들어 하늘을 쳐다보지도 못하고 다만 가슴을 치며 이르되 하나님 이여 불쌍히 여기소서 나는 죄인이로소이다 하였느니라 (눅 18:13)

_____

_____

_____

_____

_____

_____

_____

_____

_____

✓ 말씀으로 드리는 고백기도

모든 연약한 심령을 만족하게 하시는 주님을 찬양합니다. 주님의 죄사하심과 구원의 은혜를 맛본 자로 오직 주님만 따르길 원합니다. 성령님, 우리를 도와주소서.

✓ 하나님의 성품을 묵상하는 침묵기도 (말씀을 통해 발견한 하나님의 성품을 고백하며 기도합니다.)

✓ 회개와 감사 및 간구기도 (말씀으로 깨달은 회개의 내용과 중보의 제목으로 기도합니다.)

✓ 감사일기   일째

_____

_____

말씀묵상 및 필사 (반복해서 본문을 읽고 묵상한 후 필사합니다.)

· 주 우리 하나님께는 긍휼과 용서하심이 있사오니 이는 우리가 주께 패역하였음이오며 (단 9:9)

· 우리 구주 하나님의 자비와 사람 사랑하심이 나타날 때에 우리를 구원하시되 우리가 행한 바 의로운 행위로 말미암지 아니하고 오직 그의 긍휼하심을 따라 중생의 씻음과 성령의 새롭게 하심으로 하셨나니 (딛 3:4-5)

✓ 말씀으로 드리는 고백기도

우리에게 성령으로 새 영을 허락하신 주님, 돌 같은 우리의 마음을 제하시고 살처럼 부드러운 마음을 주소서. 그리스도 안에서 새로운 피조물로 변화되기를 소원합니다. 주님, 우리를 긍휼히 여기소서.

✓ 하나님의 성품을 묵상하는 침묵기도 (말씀을 통해 발견한 하나님의 성품을 고백하며 기도합니다.)

✓ 회개와 감사 및 간구기도 (말씀으로 깨달은 회개의 내용과 중보의 제목으로 기도합니다.)

✓ 감사일기   일째

말씀묵상 및 필사 (반복해서 본문을 읽고 묵상한 후 필사합니다.)

· 이스라엘아 들으라 우리 하나님 여호와는 오직 유일한 여호와이시니 (신 6:4)

· 또 사역은 여러 가지나 모든 것을 모든 사람 가운데서 이루시는 하나님은 같으니 (고전 12:6)

✓ 말씀으로 드리는 고백기도

구원의 사역을 쉬지 않으시는 하나님, 주님의 일하심을 찬양합니다. 오직 천하 만국의 주인이시고 세상 만물을 창조하신 하나님만이 우리의 유일한 소망이심을 믿습니다. 하나님의 능력을 보게 하소서.

✓ 하나님의 성품을 묵상하는 침묵기도 (말씀을 통해 발견한 하나님의 성품을 고백하며 기도합니다.)

✓ 회개와 감사 및 간구기도 (말씀으로 깨달은 회개의 내용과 중보의 제목으로 기도합니다.)

✓ 감사일기   일째

✔ 한 주간의 영성훈련을 점검합니다. (참여가 어려웠던 이유를 기록한 후 개선할 내용을 적어봅시다.)

- [ ] 1년 성경통독
- [ ] 말씀묵상 및 필사
- [ ] 침묵기도
- [ ] 감사와 회개의 기도
- [ ] 감사일기

*열심히 참여 (○), 조금 부족 (△), 참여 못함 (×)

✔ 순례자의 노트를 작성하는 동안 가장 은혜로웠던 순간을 적어보세요.

_____

_____

_____

_____

_____

_____

_____

_____

_____

✔ (1인) 가정예배

· 사도신경   · 찬송 : 85장 (구주를 생각만 해도)

· 성경읽기 : 누가복음 8장 4-15절   · 기도 : 본인 또는 가족 중   · 주기도문

5. 19. (일)

✔ 주일설교 묵상

_____

_____

_____

_____

_____

_____

말씀묵상 및 필사 (반복해서 본문을 읽고 묵상한 후 필사합니다.)

· 여호와께서 내게 이르시되 너는 아이라 말하지 말고 내가 너를 누구에게 보내든지 너는 가며 내가 네게 무엇을 명령하든지 너는 말할지니라 (렘 1:7)

· 내 아들아 그러므로 너는 그리스도 예수 안에 있는 은혜 가운데서 강하고 (딤후 2:1)

✔ 말씀으로 드리는 고백기도

우리의 영혼에 힘을 주시고 강하게 하시는 주님, 날마다 새 힘을 주시고 성령님의 충만하신 능력을 힘입게 하소서. 주님을 향한 믿음을 굳건하게 하시고, 주님의 영광에 참여하게 하소서.

✔ 하나님의 성품을 묵상하는 침묵기도 (말씀을 통해 발견한 하나님의 성품을 고백하며 기도합니다.)

✔ 회개와 감사 및 간구기도 (말씀으로 깨달은 회개의 내용과 중보의 제목으로 기도합니다.)

✔ 감사일기   일째

말씀묵상 및 필사 (반복해서 본문을 읽고 묵상한 후 필사합니다.)

· 보라 주 여호와께서 장차 강한 자로 임하실 것이요 친히 그의 팔로 다스리실 것이라 보라 상급
이 그에게 있고 보응이 그의 앞에 있으며 (사 40:10)

· 주의하라 깨어 있으라 그 때가 언제인지 알지 못함이라 (막 13:33)

✓ 말씀으로 드리는 고백기도

주님의 말씀을 듣고 행하게 하소서. 깨어 기도하며 주님께서 주신 것을 굳게 잡고 내게 주어진
면류관을 빼앗기지 않게 하소서. 분주한 삶 속에서도 늘 주님을 묵상하며 나아가게 하소서.

✓ 하나님의 성품을 묵상하는 침묵기도 (말씀을 통해 발견한 하나님의 성품을 고백하며 기도합니다.)

✓ 회개와 감사 및 간구기도 (말씀으로 깨달은 회개의 내용과 중보의 제목으로 기도합니다.)

✓ 감사일기   일째

말씀묵상 및 필사 (반복해서 본문을 읽고 묵상한 후 필사합니다.)

· 또 말하되 살아 계신 하나님이 너희 가운데에 계시사 가나안 족속과 헷 족속과 히위 족속과 브리스 족속과 기르가스 족속과 아모리 족속과 여부스 족속을 너희 앞에서 반드시 쫓아내실 줄을 이것으로서 너희가 알리라 (수 3:10)

· 사도들이 큰 권능으로 주 예수의 부활을 증언하니 무리가 큰 은혜를 받아 (행 4:33)

✓ 말씀으로 드리는 고백기도

죽음을 이기신 부활의 능력을 의지합니다. 세상의 능력에 마음을 두지 않고 예수 그리스도의 능력만을 의지하게 하소서. 지금도 살아서 동일하게 역사하시는 예수 그리스도의 능력을 찬양합니다. 성령님, 증인으로 살아가게 하소서.

✓ 하나님의 성품을 묵상하는 침묵기도 (말씀을 통해 발견한 하나님의 성품을 고백하며 기도합니다.)

✓ 회개와 감사 및 간구기도 (말씀으로 깨달은 회개의 내용과 중보의 제목으로 기도합니다.)

✓ 감사일기   일째

말씀묵상 및 필사 (반복해서 본문을 읽고 묵상한 후 필사합니다.)

· 내가 또 내 영을 너희 속에 두어 너희가 살아나게 하고 내가 또 너희를 너희 고국 땅에 두리니
  나 여호와가 이 일을 말하고 이룬 줄을 너희가 알리라 여호와의 말씀이니라 (겔 37:14)

· 맨 나중에 멸망 받을 원수는 사망이니라 (고전 15:26)

_____

_____

_____

_____

_____

_____

_____

_____

_____

✓ 말씀으로 드리는 고백기도

　주님, 주님의 그 크신 사랑으로 우리를 구속하셨습니다. 아버지의 독생자를 믿는 믿음으로 구원
을 받아 우리는 멸망에서 영생으로 옮겨졌습니다. 구원을 이루신 우리 주님과 이 땅에서 천국을
누리게 하소서. 장차 영원한 생명 안에 거하게 하실 주님을 찬양합니다.

✓ 하나님의 성품을 묵상하는 침묵기도 (말씀을 통해 발견한 하나님의 성품을 고백하며 기도합니다.)

✓ 회개와 감사 및 간구기도 (말씀으로 깨달은 회개의 내용과 중보의 제목으로 기도합니다.)

✓ 감사일기　　일째

_____

_____

말씀묵상 및 필사 (반복해서 본문을 읽고 묵상한 후 필사합니다.)

· 여호와여 우리를 주께로 돌이키소서 그리하시면 우리가 주께로 돌아가겠사오니 우리의 날들을 다시 새롭게 하사 옛적 같게 하옵소서 (애 5:21)

· 너희 생각에는 어떠하냐 만일 어떤 사람이 양 백 마리가 있는데 그 중의 하나가 길을 잃었으면 그 아흔아홉 마리를 산에 두고 가서 길 잃은 양을 찾지 않겠느냐 (마 18:12)

✓ **말씀으로 드리는 고백기도**

우리의 위로자가 되시는 주님, 주님의 마음을 내게 주소서. 연약한 자, 잃어버린 자, 어둠 속에 있는 자들에게 주님의 마음이 있었음을 기억합니다. 내게 허락하신 구원이 주님의 뜻을 이루는 것이었음을 알게 하소서.

✓ **하나님의 성품을 묵상하는 침묵기도** (말씀을 통해 발견한 하나님의 성품을 고백하며 기도합니다.)

✓ **회개와 감사 및 간구기도** (말씀으로 깨달은 회개의 내용과 중보의 제목으로 기도합니다.)

✓ **감사일기   일째**

✔ **한 주간의 영성훈련을 점검합니다.** (참여가 어려웠던 이유를 기록한 후 개선할 내용을 적어봅시다.)

☐ 1년 성경통독 ☐ 말씀묵상 및 필사 ☐ 침묵기도

☐ 감사와 회개의 기도 ☐ 감사일기 *열심히 참여 (○), 조금 부족 (△), 참여 못함 (×)

✔ **순례자의 노트를 작성하는 동안 가장 은혜로웠던 순간을 적어보세요.**

_____

_____

_____

_____

_____

_____

_____

_____

_____

✔ (1인) **가정예배**

· 사도신경 · 찬송 : 254장 (내 주의 보혈은)

· 성경읽기 : 마가복음 4장 35-41절 · 기도 : 본인 또는 가족 중 · 주기도문

5. 26. (일)

✔ **주일설교 묵상**

_____

_____

_____

_____

_____

_____

말씀묵상 및 필사 (반복해서 본문을 읽고 묵상한 후 필사합니다.)

· 금, 은 그릇을 만들며 장인의 손으로 하는 모든 일에 쓰게 하였노니 오늘 누가 즐거이 손에 채워 여호와께 드리겠느냐 하는지라 (대상 29:5)

· 각각 그 마음에 정한 대로 할 것이요 인색함으로나 억지로 하지 말지니 하나님은 즐겨 내는 자를 사랑하시느니라 (고후 9:7)

_____

_____

_____

_____

_____

_____

_____

_____

_____

✓ 말씀으로 드리는 고백기도

주님, 주님께 받은 충만한 것들을 기억합니다. 나의 것이 내 것이 아니라 하나님의 것임을 고백합니다. 어리석고 인색한 자가 아니라 아버지를 기쁘시게 하는 자가 되게 하소서. 기쁨으로 주님의 일을 하게 하시고 하나님 나라를 위해 드리게 하소서.

✓ 하나님의 성품을 묵상하는 침묵기도 (말씀을 통해 발견한 하나님의 성품을 고백하며 기도합니다.)

✓ 회개와 감사 및 간구기도 (말씀으로 깨달은 회개의 내용과 중보의 제목으로 기도합니다.)

✓ 감사일기   일째

_____

_____

말씀묵상 및 필사 (반복해서 본문을 읽고 묵상한 후 필사합니다.)

· 그런즉 너는 알라 오직 네 하나님 여호와는 하나님이시요 신실하신 하나님이시라 그를 사랑하고 그의 계명을 지키는 자에게는 천 대까지 그의 언약을 이행하시며 인애를 베푸시되 (신 7:9)

· 어떤 자들이 믿지 아니하였으면 어찌하리요 그 믿지 아니함이 하나님의 미쁘심을 폐하겠느냐 그럴 수 없느니라 사람은 다 거짓되되 오직 하나님은 참되시다 할지어다 기록된 바 주께서 주의 말씀에 의롭다 함을 얻으시고 판단 받으실 때에 이기려 하심이라 함과 같으니라 (롬 3:3-4)

_____

_____

_____

_____

_____

_____

_____

_____

✔ 말씀으로 드리는 고백기도

하나님의 사랑은 인간의 사랑과 비교할 수 없습니다. 위대하고 신실하신 그 사랑을 의심할 때가 많은 우리를 불쌍히 여겨 주옵소서. 주님의 사랑을 더욱 알게 하소서. 어떠한 상황에도 신실하게 주님을 붙드는 믿음의 사람으로 세워주소서.

✔ 하나님의 성품을 묵상하는 침묵기도 (말씀을 통해 발견한 하나님의 성품을 고백하며 기도합니다.)

✔ 회개와 감사 및 간구기도 (말씀으로 깨달은 회개의 내용과 중보의 제목으로 기도합니다.)

✔ 감사일기   일째

_____

_____

말씀묵상 및 필사 (반복해서 본문을 읽고 묵상한 후 필사합니다.)

· 결심하고 하나님 곧 그의 조상들의 하나님 여호와를 구하는 사람은 누구든지 비록 성소의 결
례대로 스스로 깨끗하게 못하였을지라도 사하옵소서 하였더니 (대하 30:19)

· 하나님을 가까이하라 그리하면 너희를 가까이하시리라 죄인들아 손을 깨끗이 하라 두 마음을
품은 자들아 마음을 성결하게 하라 (약 4:8)

_____

_____

_____

_____

_____

_____

_____

_____

_____

✓ 말씀으로 드리는 고백기도

우리와 가까이 계시는 주님, 우리의 모든 형편을 아시고 불쌍히 여기시는 주님께 오늘도 나아갑
니다. 우리를 용서하시고 은혜를 베푸소서. 우리에게 허락하신 구원과 은혜로 인해 기쁨의 찬양을
드리게 하소서.

✓ 하나님의 성품을 묵상하는 침묵기도 (말씀을 통해 발견한 하나님의 성품을 고백하며 기도합니다.)

✓ 회개와 감사 및 간구기도 (말씀으로 깨달은 회개의 내용과 중보의 제목으로 기도합니다.)

✓ 감사일기   일째

_____

_____

말씀묵상 및 필사 (반복해서 본문을 읽고 묵상한 후 필사합니다.)

· 상심한 자들을 고치시며 그들의 상처를 싸매시는도다 (시 147:3)

· 저물어 해 질 때에 모든 병자와 귀신 들린 자를 예수께 데려오니 예수께서 각종 병이 든 많은
사람을 고치시며 많은 귀신을 내쫓으시되 귀신이 자기를 알므로 그 말하는 것을 허락하지 아
니하시니라 (막 1:32,34)

_____

_____

_____

_____

_____

_____

_____

_____

_____

✓ 말씀으로 드리는 고백기도
　주님은 긍휼이 풍성하시고, 주님의 손은 치유의 능력으로 충만하심을 믿습니다. 영과 육을 모두
새롭게 하시는 주님, 주님의 손길이 닿을 때 병이 떠나갈 줄 믿습니다. 하늘의 통치를 맛보게 하소
서. 주님, 내 삶에 임하소서.

✓ 하나님의 성품을 묵상하는 침묵기도 (말씀을 통해 발견한 하나님의 성품을 고백하며 기도합니다.)

✓ 회개와 감사 및 간구기도 (말씀으로 깨달은 회개의 내용과 중보의 제목으로 기도합니다.)

✓ 감사일기　　일째

_____

_____

말씀묵상 및 필사 (반복해서 본문을 읽고 묵상한 후 필사합니다.)

· 만군의 여호와께서 우리와 함께 하시니 야곱의 하나님은 우리의 피난처시로다 (시 46:7)

· 모든 사람이 죄를 범하였으매 하나님의 영광에 이르지 못하더니 그리스도 예수 안에 있는 속량으로 말미암아 하나님의 은혜로 값 없이 의롭다 하심을 얻은 자 되었느니라 (롬 3:23-24)

_____

_____

_____

_____

_____

_____

_____

_____

_____

✓ 말씀으로 드리는 고백기도

주님, 우리는 값 없이 구원을 얻었고 하나님의 자녀의 특권을 얻었습니다. 감히 꿈 꿀 수도 없는 거룩한 소명을 품게 하시니 주님의 크신 은혜를 찬양합니다. 비록 작으나, 하나님의 구원의 큰 역사 안에 있음을 믿습니다. 오직 주님만 의지하며 나아갑니다.

✓ 하나님의 성품을 묵상하는 침묵기도 (말씀을 통해 발견한 하나님의 성품을 고백하며 기도합니다.)

✓ 회개와 감사 및 간구기도 (말씀으로 깨달은 회개의 내용과 중보의 제목으로 기도합니다.)

✓ 감사일기   일째

_____

_____

Jun.

성경 묵상의 원리와 방법 2

4. 심층 탐구

말씀을 분석하고, 말씀이 담고 있는 의미와 메시지를 탐구합니다. 도움을 받을 수 있는 자료가 있다면 말씀이 포함하는 단어, 문장 구조, 시대 문화적 배경 등을 이해하고 그 의미를 파악할 수도 있습니다. 다른 공인된 번역 성경을 함께 보는 것도 큰 도움이 됩니다.

5. 적용

성경 묵상의 목적은 말씀에서 얻은 영적 깨달음과 지혜를 우리의 삶과 신앙 생활에 적용하는 것입니다. 묵상의 결과를 통해 순종해야 할 일, 기도해야 할 일, 내 삶의 변화를 위해 적용해야 할 일을 기록하고 실천하십시오.

6. 시간을 정하기

성경 묵상은 꾸준한 훈련을 통해 묵상의 깊이가 깊어집니다. 정해진 시간에 성경 묵상을 진행하고, 교회 공동체의 묵상 방법을 적용해서 성실하게 하나님과 대화하십시오.

✓ **한 주간의 영성훈련을 점검합니다.** (참여가 어려웠던 이유를 기록한 후 개선할 내용을 적어봅시다.)

☐ 1년 성경통독　　　☐ 말씀묵상 및 필사　　　☐ 침묵기도

☐ 감사와 회개의 기도　☐ 감사일기　　　*열심히 참여 (○), 조금 부족 (△), 참여 못함 (×)

✓ **순례자의 노트를 작성하는 동안 가장 은혜로웠던 순간을 적어보세요.**

_____

_____

_____

_____

_____

_____

_____

_____

✓ (1인)　**가정예배**

· 사도신경　　　　　　　　　· 찬송 : 563장 (예수 사랑하심을)

· 성경읽기 : 마가복음 5장 1-20절　· 기도 : 본인 또는 가족 중　　　· 주기도문

6. 2. (일)

✓ **주일설교 묵상**

_____

_____

_____

_____

_____

말씀묵상 및 필사 (반복해서 본문을 읽고 묵상한 후 필사합니다.)

· 내가 왔어도 사람이 없었으며 내가 불러도 대답하는 자가 없었음은 어찌 됨이냐 내 손이 어찌
짧아 구속하지 못하겠느냐 내게 어찌 건질 능력이 없겠느냐 보라 내가 꾸짖어 바다를 마르게
하며 강들을 사막이 되게 하며 물이 없어졌으므로 그 물고기들이 악취를 내며 갈하여 죽으리
라 (사 50:2)

· 주의 약속은 어떤 이들이 더디다고 생각하는 것 같이 더딘 것이 아니라 오직 주께서는 너희
를 대하여 오래 참으사 아무도 멸망하지 아니하고 다 회개하기에 이르기를 원하시느니라
(벧후 3:9)

_____

_____

_____

_____

_____

_____

_____

_____

✓ 말씀으로 드리는 고백기도

죄인 한 사람이 회개하는 것을 최고의 기쁨으로 여기시고, 잃어버린 자들을 찾으시는 주님의 선
하심을 찬양합니다. 나의 상황에 매몰되지 않고 주님의 마음과 뜻을 더욱 깨달아 알게 하소서. 주
님, 우리를 용서하소서.

✓ 하나님의 성품을 묵상하는 침묵기도 (말씀을 통해 발견한 하나님의 성품을 고백하며 기도합니다.)

✓ 회개와 감사 및 간구기도 (말씀으로 깨달은 회개의 내용과 중보의 제목으로 기도합니다.)

✓ 감사일기   일째

_____

_____

말씀묵상 및 필사 (반복해서 본문을 읽고 묵상한 후 필사합니다.)

· 여호와여 이제 내가 주께서 내게 주신 토지 소산의 맏물을 가져왔나이다 하고 너는 그것을 네 하나님 여호와 앞에 두고 네 하나님 여호와 앞에 경배할 것이며 네 하나님 여호와께서 너와 네 집에 주신 모든 복으로 말미암아 너는 레위인과 너희 가운데에 거류하는 객과 함께 즐거워할지니라 (신 26:10-11)

· 범사에 우리 주 예수 그리스도의 이름으로 항상 아버지 하나님께 감사하며 (엡 5:20)

_____

_____

_____

_____

_____

_____

_____

_____

✓ 말씀으로 드리는 고백기도

　모든 일에 함께 하시는 주님께 감사와 찬양을 드립니다. 감사가 예수 그리스도 안에서 우리를 향하신 하나님의 뜻임을 압니다. 전심으로 아버지께 감사하며 주님이 이루신 모든 일들을 세상에 전하기를 원합니다. 삶의 모든 일에 감사와 찬양이 넘치게 하실 성령님을 찬양합니다.

✓ 하나님의 성품을 묵상하는 침묵기도 (말씀을 통해 발견한 하나님의 성품을 고백하며 기도합니다.)

✓ 회개와 감사 및 간구기도 (말씀으로 깨달은 회개의 내용과 중보의 제목으로 기도합니다.)

✓ 감사일기　　일째

_____

_____

말씀묵상 및 필사 (반복해서 본문을 읽고 묵상한 후 필사합니다.)

· 주여 공의는 주께로 돌아가고 수치는 우리 얼굴로 돌아옴이 오늘과 같아서 유다 사람들과 예루살렘 거민들과 이스라엘이 가까운 곳에 있는 자들이나 먼 곳에 있는 자들이 다 주께서 쫓아내신 각국에서 수치를 당하였사오니 이는 그들이 주께 죄를 범하였음이니이다 (단 9:7)

· 닭이 곧 두 번째 울더라 이에 베드로가 예수께서 자기에게 하신 말씀 곧 닭이 두 번 울기 전에 네가 세 번 나를 부인하리라 하심이 기억되어 그 일을 생각하고 울었더라 (막 14:72)

_____

_____

_____

_____

_____

_____

_____

_____

✓ 말씀으로 드리는 고백기도

  거룩하신 주님, 예수 그리스도가 없는 우리의 삶은 절망과 죽음임을 깨달아 알게 하소서. 주님과 함께 하는 거룩한 삶을 살며 하나님의 선하심과 인자하심을 보게 하소서.

✓ 하나님의 성품을 묵상하는 침묵기도 (말씀을 통해 발견한 하나님의 성품을 고백하며 기도합니다.)

✓ 회개와 감사 및 간구기도 (말씀으로 깨달은 회개의 내용과 중보의 제목으로 기도합니다.)

✓ 감사일기   일째

_____

_____

말씀묵상 및 필사 (반복해서 본문을 읽고 묵상한 후 필사합니다.)

· 너희는 여호와께서 너희를 위하여 행하신 그 큰 일을 생각하여 오직 그를 경외하며 너희의 마음을 다하여 진실히 섬기라 (삼상 12:24)

· 그 말을 받은 사람들은 세례를 받으매 이 날에 신도의 수가 삼천이나 더하더라 그들이 사도의 가르침을 받아 서로 교제하고 떡을 떼며 오로지 기도하기를 힘쓰니라 (행 2:41-42)

_____
_____
_____
_____
_____
_____
_____
_____

✓ 말씀으로 드리는 고백기도

하나님, 우리를 위해 주님의 몸 된 교회를 세우셨습니다. 큰 일을 행하신 주님을 찬양합니다. 서로를 더욱 섬기고 성령 안에서 기도하는 자가 되기를 원합니다. 개인과 가정을 넘어 온 교회와 믿음의 동역자들과 세계에 흩어진 자들을 위해 기도하게 하소서.

✓ 하나님의 성품을 묵상하는 침묵기도 (말씀을 통해 발견한 하나님의 성품을 고백하며 기도합니다.)

✓ 회개와 감사 및 간구기도 (말씀으로 깨달은 회개의 내용과 중보의 제목으로 기도합니다.)

✓ 감사일기   일째

_____
_____

말씀묵상 및 필사 (반복해서 본문을 읽고 묵상한 후 필사합니다.)

· 만군의 여호와가 이와 같이 말하노라 그 날에는 말이 다른 이방 백성 열 명이 유다 사람 하나의 옷자락을 잡을 것이라 곧 잡고 말하기를 하나님이 너희와 함께 하심을 들었나니 우리가 너희와 함께 가려 하노라 하리라 하시니라 (슥 8:23)

· 너희가 이방인 중에서 행실을 선하게 가져 너희를 악행한다고 비방하는 자들로 하여금 너희 선한 일을 보고 오시는 날에 하나님께 영광을 돌리게 하려 함이라 (벧전 2:12)

_____

_____

_____

_____

_____

_____

_____

✓ 말씀으로 드리는 고백기도

　주님, 세상 속에서 그리스도의 증인으로 살아가게 하소서. 우리의 힘으로가 아니라 주님의 능력으로 선하고 의로운 자로 아버지께 영광을 돌리게 하소서. 성령님께서 부으시는 사랑의 은사와 능력을 사모합니다.

✓ 하나님의 성품을 묵상하는 침묵기도 (말씀을 통해 발견한 하나님의 성품을 고백하며 기도합니다.)

✓ 회개와 감사 및 간구기도 (말씀으로 깨달은 회개의 내용과 중보의 제목으로 기도합니다.)

✓ 감사일기　　일째

_____

_____

✔ **한 주간의 영성훈련을 점검합니다.** (참여가 어려웠던 이유를 기록한 후 개선할 내용을 적어봅시다.)

☐ 1년 성경통독　　　☐ 말씀묵상 및 필사　　　☐ 침묵기도

☐ 감사와 회개의 기도　☐ 감사일기　　*열심히 참여 (○), 조금 부족 (△), 참여 못함 (×)

✔ **순례자의 노트를 작성하는 동안 가장 은혜로웠던 순간을 적어보세요.**

_____
_____
_____
_____
_____
_____
_____
_____

✔ (1인)　**가정예배**

· 사도신경　　　　　　　· 찬송 : 279장 (인애하신 구세주여)

· 성경읽기 : 마가복음 5장 24-34　· 기도 : 본인 또는 가족 중　　· 주기도문

6. 9. (일)

✔ **주일설교 묵상**

_____
_____
_____
_____
_____
_____

말씀묵상 및 필사 (반복해서 본문을 읽고 묵상한 후 필사합니다.)

· 이에 두려워하여 이르되 두렵도다 이 곳이여 이것은 다름 아닌 하나님의 집이요 이는 하늘의 문이로다 하고 (창 28:17)

· 만일 내가 지체하면 너로 하여금 하나님의 집에서 어떻게 행하여야 할지를 알게 하려 함이니 이 집은 살아 계신 하나님의 교회요 진리의 기둥과 터니라 (딤전 3:15)

_____

_____

_____

_____

_____

_____

_____

_____

_____

✓ **말씀으로 드리는 고백기도**

주님, 주님의 몸 된 교회를 지켜주소서. 주님의 말씀 안에서 진리가 선포되고 건강한 믿음으로 굳게 서는 교회가 되게 하소서. 허망한 것들을 따르는 세상에 주님의 빛을 전하는 교회가 되게 하소서.

✓ **하나님의 성품을 묵상하는 침묵기도** (말씀을 통해 발견한 하나님의 성품을 고백하며 기도합니다.)

✓ **회개와 감사 및 간구기도** (말씀으로 깨달은 회개의 내용과 중보의 제목으로 기도합니다.)

✓ **감사일기**   일째

_____

_____

말씀묵상 및 필사 (반복해서 본문을 읽고 묵상한 후 필사합니다.)

· 주의 법을 사랑하는 자에게는 큰 평안이 있으니 그들에게 장애물이 없으리이다 (시 119:165)

· 너희는 사랑의 입맞춤으로 서로 문안하라 그리스도 안에 있는 너희 모든 이에게 평강이 있을지어다 (벧전 5:14)

✓ 말씀으로 드리는 고백기도

주님, 우리의 마음을 넓히소서. 친절하고 자비로운 마음을 품게 하소서. 저주의 말이 아니라 축복의 말을 건네게 하소서. 시기하는 마음을 버리고 이웃의 형통을 구하게 하소서. 주님의 사랑과 평강이 삶의 모든 영역에 풍성하게 하소서.

✓ 하나님의 성품을 묵상하는 침묵기도 (말씀을 통해 발견한 하나님의 성품을 고백하며 기도합니다.)

✓ 회개와 감사 및 간구기도 (말씀으로 깨달은 회개의 내용과 중보의 제목으로 기도합니다.)

✓ 감사일기   일째

말씀묵상 및 필사 (반복해서 본문을 읽고 묵상한 후 필사합니다.)

· 여호와를 경외하는 자에게는 견고한 의뢰가 있나니 그 자녀들에게 피난처가 있으리라
(잠 14:26)

· 그러므로 누구든지 나의 이 말을 듣고 행하는 자는 그 집을 반석 위에 지은 지혜로운 사람 같으리니 (마 7:24)

_____

_____

_____

_____

_____

_____

_____

_____

_____

✓ 말씀으로 드리는 고백기도

예수 그리스도만이 우리의 확고한 반석이심을 고백합니다. 주님 안에서 믿음이 흔들리지 않을 것입니다. 주님의 강한 손으로 붙드시고 평강의 길로 인도하소서. 신실하신 주님을 찬양합니다.

✓ 하나님의 성품을 묵상하는 침묵기도 (말씀을 통해 발견한 하나님의 성품을 고백하며 기도합니다.)

✓ 회개와 감사 및 간구기도 (말씀으로 깨달은 회개의 내용과 중보의 제목으로 기도합니다.)

✓ 감사일기   일째

말씀묵상 및 필사 (반복해서 본문을 읽고 묵상한 후 필사합니다.)

· 또 사람에게 말씀하셨도다 보라 주를 경외함이 지혜요 악을 떠남이 명철이니라 (욥 28:28)

· 외모로 보시지 않고 각 사람의 행위대로 심판하시는 이를 너희가 아버지라 부른즉 너희가 나그네로 있을 때를 두려움으로 지내라 (벧전 1:17)

_____

_____

_____

_____

_____

_____

_____

_____

_____

✓ **말씀으로 드리는 고백기도**

　주님, 주님은 우리의 모든 말과 행동을 아십니다. 주님이 기뻐하시는 일을 즐거워하고 힘을 다해 악을 미워하는 삶을 살기 원합니다. 헛된 것과 썩어질 것들로부터 빠져 나오게 하소서. 전심으로 말씀에 순종하고 성령님의 도우심을 구하며 살게 하소서.

✓ **하나님의 성품을 묵상하는 침묵기도** (말씀을 통해 발견한 하나님의 성품을 고백하며 기도합니다.)

✓ **회개와 감사 및 간구기도** (말씀으로 깨달은 회개의 내용과 중보의 제목으로 기도합니다.)

✓ **감사일기　　일째**

_____

_____

말씀묵상 및 필사 (반복해서 본문을 읽고 묵상한 후 필사합니다.)

· 네가 채우지 아니한 아름다운 물건이 가득한 집을 얻게 하시며 네가 파지 아니한 우물을 차지하게 하시며 네가 심지 아니한 포도원과 감람나무를 차지하게 하사 네게 배불리 먹게 하실 때에 너는 조심하여 너를 애굽 땅 종 되었던 집에서 인도하여 내신 여호와를 잊지 말고 (신 6:11-12)

· 그러므로 너희는 이렇게 기도하라 하늘에 계신 우리 아버지여 이름이 거룩히 여김을 받으시오며 오늘 우리에게 일용할 양식을 주시옵고 (마 6:9,11)

_____

_____

_____

_____

_____

_____

_____

✓ 말씀으로 드리는 고백기도

오늘도 일용할 양식을 주신 주님께 감사드립니다. 우리의 삶에 베풀어주신 주님의 인자하심을 찬양합니다. 창조의 섭리 안에 거하며 택한 자녀들을 돌보시는 주님의 사랑을 의지하여 살아가게 하소서. 성령님, 감사하고 자족하는 삶이 되도록 도우소서.

✓ 하나님의 성품을 묵상하는 침묵기도 (말씀을 통해 발견한 하나님의 성품을 고백하며 기도합니다.)

✓ 회개와 감사 및 간구기도 (말씀으로 깨달은 회개의 내용과 중보의 제목으로 기도합니다.)

✓ 감사일기   일째

_____

_____

✔ **한 주간의 영성훈련을 점검합니다.** (참여가 어려웠던 이유를 기록한 후 개선할 내용을 적어봅시다.)

□ 1년 성경통독　　　□ 말씀묵상 및 필사　　　□ 침묵기도

□ 감사와 회개의 기도　□ 감사일기　　　*열심히 참여 (○), 조금 부족 (△), 참여 못함 (×)

✔ **순례자의 노트를 작성하는 동안 가장 은혜로웠던 순간을 적어보세요.**

_____
_____
_____
_____
_____
_____
_____
_____

✔ (1인)　**가정예배**

· 사도신경　　　　　　　· 찬송 : 272장 (고통의 멍에 벗으려고)

· 성경읽기 : 요한복음 6장 1-35절　· 기도 : 본인 또는 가족 중　　· 주기도문

6. 16. (일)

✔ **주일설교 묵상**

_____
_____
_____
_____
_____
_____

말씀묵상 및 필사 (반복해서 본문을 읽고 묵상한 후 필사합니다.)

· 또 너희가 요단을 건너가서 차지할 땅에 거주할 동안에 이 말씀을 알지 못하는 그들의 자녀에게 듣고 네 하나님 여호와 경외하기를 배우게 할지니라 (신 31:13)

· 보라 내가 이제 세 번째 너희에게 가기를 준비하였으나 너희에게 폐를 끼치지 아니하리라 내가 구하는 것은 너희의 재물이 아니요 오직 너희니라 어린 아이가 부모를 위하여 재물을 저축하는 것이 아니요 부모가 어린 아이를 위하여 하느니라 (고후 12:14)

_____

_____

_____

_____

_____

_____

_____

_____

_____

✓ 말씀으로 드리는 고백기도

주님, 다음 세대를 준비하게 하소서. 참된 복음의 가치와 소망이 사라지는 시대에 진리를 전하고 사랑으로 양육하게 하소서. 주님의 지혜가 필요합니다. 주님의 충만하신 지혜로 우리를 채우소서.

✓ 하나님의 성품을 묵상하는 침묵기도 (말씀을 통해 발견한 하나님의 성품을 고백하며 기도합니다.)

✓ 회개와 감사 및 간구기도 (말씀으로 깨달은 회개의 내용과 중보의 제목으로 기도합니다.)

✓ 감사일기   일째

_____

_____

말씀묵상 및 필사 (반복해서 본문을 읽고 묵상한 후 필사합니다.)

· 여호와 하나님이여 이제 주의 종과 종의 집에 대하여 말씀하신 것을 영원히 세우시며 말씀하
   신 대로 행하사 (삼하 7:25)

· 하나님이 약속하신 대로 이 사람의 후손에서 이스라엘을 위하여 구주를 세우셨으니 곧 예수라
   (행 13:23)

✓ 말씀으로 드리는 고백기도
　주님의 약속은 항상 미쁘십니다. 주님은 신실하게 언약을 성취하시는 분임을 깨닫습니다. 예수
그리스도를 통해 구원을 이루시는 신실하신 하나님만을 의지하고 살아갑니다. 언제나 소망 가운
데 살아가게 하소서.

✓ 하나님의 성품을 묵상하는 침묵기도 (말씀을 통해 발견한 하나님의 성품을 고백하며 기도합니다.)

✓ 회개와 감사 및 간구기도 (말씀으로 깨달은 회개의 내용과 중보의 제목으로 기도합니다.)

✓ 감사일기　　일째

말씀묵상 및 필사 (반복해서 본문을 읽고 묵상한 후 필사합니다.)

· 나는 땅에서 나그네가 되었사오니 주의 계명들을 내게 숨기지 마소서 (시 119:19)

· 운동장에서 달음질하는 자들이 다 달릴지라도 오직 상을 받는 사람은 한 사람인 줄을 너희가
  알지 못하느냐 너희도 상을 받도록 이와 같이 달음질하라 (고전 9:24)

_____

_____

_____

_____

_____

_____

_____

_____

_____

_____

_____

✓ 말씀으로 드리는 고백기도

  주님, 경건에 이르도록 내 자신을 연단합니다. 주님께서 예비하신 상급을 받고자 힘을 냅니다. 말
씀과 기도와 예배가 우리의 삶에 전부가 되게 하소서. 오직 주님만을 사랑하고 아버지의 뜻을 구
하는 자들이 되게 하소서.

✓ 하나님의 성품을 묵상하는 침묵기도 (말씀을 통해 발견한 하나님의 성품을 고백하며 기도합니다.)

✓ 회개와 감사 및 간구기도 (말씀으로 깨달은 회개의 내용과 중보의 제목으로 기도합니다.)

✓ 감사일기   일째

_____

_____

말씀묵상 및 필사 (반복해서 본문을 읽고 묵상한 후 필사합니다.)

· 깨어서 그들을 뿌리 뽑으며 무너뜨리며 전복하며 멸망시키며 괴롭게 하던 것과 같이 내가 깨어서 그들을 세우며 심으리라 여호와의 말씀이니라 (렘 31:28)

· 예수께서 비유로 그들에게 말씀하시되 한 사람이 포도원을 만들어 산울타리로 두르고 즙 짜는 틀을 만들고 망대를 지어서 농부들에게 세로 주고 타국에 갔더니 (막 12:1)

_____

_____

_____

_____

_____

_____

_____

_____

_____

✓ 말씀으로 드리는 고백기도

주님, 신실하신 주님을 닮아 주님의 충성된 종이 되기를 원합니다. 우리를 주님의 종으로 세우셨으니 끝까지 우리와 함께 하소서. 주님을 영화롭게 하는 자가 되기를 원합니다. 주님, 우리를 빛으로 비추소서.

✓ 하나님의 성품을 묵상하는 침묵기도 (말씀을 통해 발견한 하나님의 성품을 고백하며 기도합니다.)

✓ 회개와 감사 및 간구기도 (말씀으로 깨달은 회개의 내용과 중보의 제목으로 기도합니다.)

✓ 감사일기   일째

_____

_____

말씀묵상 및 필사 (반복해서 본문을 읽고 묵상한 후 필사합니다.)

· 그러나 사유하심이 주께 있음은 주를 경외하게 하심이니이다 (시 130:4)

· 우리가 하나님과 함께 일하는 자로서 너희를 권하노니 하나님의 은혜를 헛되이 받지 말라
  (고후 6:1)

_____

_____

_____

_____

_____

_____

_____

_____

_____

✓ 말씀으로 드리는 고백기도

하나님의 은혜를 폐하지 않게 하소서. 그리스도의 죽음을 헛되이 여기는 자가 되지 않게 하소서.
우리를 위해 십자가를 지신 주님을 바라봅니다. 지금도 살아서 역사하시는 부활하신 주님을 바라
봅니다. 주님, 우리와 함께 하소서.

✓ 하나님의 성품을 묵상하는 침묵기도 (말씀을 통해 발견한 하나님의 성품을 고백하며 기도합니다.)

✓ 회개와 감사 및 간구기도 (말씀으로 깨달은 회개의 내용과 중보의 제목으로 기도합니다.)

✓ 감사일기   일째

_____

✔ **한 주간의 영성훈련을 점검합니다.** (참여가 어려웠던 이유를 기록한 후 개선할 내용을 적어봅시다.)

☐ 1년 성경통독   ☐ 말씀묵상 및 필사   ☐ 침묵기도

☐ 감사와 회개의 기도   ☐ 감사일기   *열심히 참여 (○), 조금 부족 (△), 참여 못함 (×)

✔ **순례자의 노트를 작성하는 동안 가장 은혜로웠던 순간을 적어보세요.**

_____

_____

_____

_____

_____

_____

_____

_____

✔ **(1인)**   **가정예배**

· 사도신경   · 찬송 : 218장 (네 맘과 정성을 다하여서)

· 성경읽기 : 마태복음 14장 22-33절 · 기도 : 본인 또는 가족 중   · 주기도문

6. 23. (일)

✔ **주일설교 묵상**

_____

_____

_____

_____

_____

_____

말씀묵상 및 필사 (반복해서 본문을 읽고 묵상한 후 필사합니다.)

· 엘리가 사무엘에게 이르되 가서 누웠다가 그가 너를 부르시거든 네가 말하기를 여호와여 말씀 하옵소서 주의 종이 듣겠나이다 하라 하니 이에 사무엘이 가서 자기 처소에 누우니라 (삼상 3:9)

· 내가 진실로 진실로 너희에게 이르노니 내 말을 듣고 또 나 보내신 이를 믿는 자는 영생을 얻었 고 심판에 이르지 아니하나니 사망에서 생명으로 옮겼느니라 (요 5:24)

✓ **말씀으로 드리는 고백기도**

주님께서 문을 두드리실 때, 주님의 음성을 듣고 문을 여는 자가 되기를 원합니다. 내게 오신 주 님과 함께 먹고 누리며 영생을 사는 자가 되게 하소서. 영적으로 무지한 자가 되지 않기를 원합니 다. 내 손을 잡아 주소서.

✓ **하나님의 성품을 묵상하는 침묵기도** (말씀을 통해 발견한 하나님의 성품을 고백하며 기도합니다.)

✓ **회개와 감사 및 간구기도** (말씀으로 깨달은 회개의 내용과 중보의 제목으로 기도합니다.)

✓ **감사일기**   일째

말씀묵상 및 필사 (반복해서 본문을 읽고 묵상한 후 필사합니다.)

· 여호와 하나님이 아담을 부르시며 그에게 이르시되 네가 어디 있느냐 이르되 내가 동산에서 하나님의 소리를 듣고 내가 벗었으므로 두려워하여 숨었나이다 (창 3:9-10)

· 예수께서 들으시고 그들에게 이르시되 건강한 자에게는 의사가 쓸 데 없고 병든 자에게라야 쓸 데 있느니라 나는 의인을 부르러 온 것이 아니요 죄인을 부르러 왔노라 하시니라 (막 2:17)

_____

_____

_____

_____

_____

_____

_____

_____

_____

✓ 말씀으로 드리는 고백기도

죄인을 구원하시고 버려지고 깨진 자들을 일으키신 예수 그리스도를 찬양합니다. 주님은 의원이십니다. 우리를 치유하시고 생명을 주시는 분이십니다. 주님의 능력 앞에 나의 모든 것을 내어 놓습니다. 주님, 우리를 고쳐주소서.

✓ 하나님의 성품을 묵상하는 침묵기도 (말씀을 통해 발견한 하나님의 성품을 고백하며 기도합니다.)

✓ 회개와 감사 및 간구기도 (말씀으로 깨달은 회개의 내용과 중보의 제목으로 기도합니다.)

✓ 감사일기   일째

_____

_____

말씀묵상 및 필사 (반복해서 본문을 읽고 묵상한 후 필사합니다.)

· 내가 땅을 만들고 그 위에 사람을 창조하였으며 내가 내 손으로 하늘을 펴고 하늘의 모든 군대에게 명령하였노라 (사 45:12)

· 그가 큰 음성으로 이르되 하나님을 두려워하며 그에게 영광을 돌리라 이는 그의 심판의 시간이 이르렀음이니 하늘과 땅과 바다와 물들의 근원을 만드신 이를 경배하라 하더라 (계 14:7)

✓ 말씀으로 드리는 고백기도

세상을 창조하신 하나님께서 세상의 마지막 때에 공의로 심판하실 것을 믿습니다. 최후의 승리를 이루실 신실하신 주님의 말씀은 성취될 것입니다. 죄악을 완전히 멸하시고 영원한 하나님 나라를 완성하실 주님을 찬양합니다.

✓ 하나님의 성품을 묵상하는 침묵기도 (말씀을 통해 발견한 하나님의 성품을 고백하며 기도합니다.)

✓ 회개와 감사 및 간구기도 (말씀으로 깨달은 회개의 내용과 중보의 제목으로 기도합니다.)

✓ 감사일기   일째

말씀묵상 및 필사 (반복해서 본문을 읽고 묵상한 후 필사합니다.)

· 너의 장래에 소망이 있을 것이라 너의 자녀가 자기들의 지경으로 돌아오리라 여호와의 말씀이
  니라 (렘 31:17)

· 자기 아들을 아끼지 아니하시고 우리 모든 사람을 위하여 내주신 이가 어찌 그 아들과 함께 모
  든 것을 우리에게 주시지 아니하겠느냐 (롬 8:32)

_____

_____

_____

_____

_____

_____

_____

_____

_____

✓ **말씀으로 드리는 고백기도**

　긍휼이 풍성하신 하나님, 우리는 너무 연약합니다. 미래를 알 수 없어 불안해 합니다. 주님은 택
하신 자녀들의 처지와 필요를 다 아십니다. 우리를 불쌍히 여겨 주소서. 주님만을 의지합니다. 주
님의 충만하심을 찬양하게 하소서.

✓ **하나님의 성품을 묵상하는 침묵기도** (말씀을 통해 발견한 하나님의 성품을 고백하며 기도합니다.)

✓ **회개와 감사 및 간구기도** (말씀으로 깨달은 회개의 내용과 중보의 제목으로 기도합니다.)

✓ **감사일기**　　**일째**

_____

_____

말씀묵상 및 필사 (반복해서 본문을 읽고 묵상한 후 필사합니다.)

· 그러나 주 여호와여 주의 이름으로 말미암아 나를 선대하소서 주의 인자하심이 선하시오니 나를 건지소서 (시 109:21)

· 내가 그들에게 영생을 주노니 영원히 멸망하지 아니할 것이요 또 그들을 내 손에서 빼앗을 자가 없느니라 (요 10:28)

_____

_____

_____

_____

_____

_____

_____

✓ 말씀으로 드리는 고백기도

주님, 죄에서 생명으로 우리를 옮기시고 주님의 영광스러운 자녀로 세워주시니 감사합니다. 주님의 신실하신 약속을 의지합니다. 만물을 새롭게 하시는 주님만을 의지하고 영생을 누리며 살게 하소서. 허락하신 구원의 선물을 잃지 않게 하소서.

✓ 하나님의 성품을 묵상하는 침묵기도 (말씀을 통해 발견한 하나님의 성품을 고백하며 기도합니다.)

✓ 회개와 감사 및 간구기도 (말씀으로 깨달은 회개의 내용과 중보의 제목으로 기도합니다.)

✓ 감사일기   일째

_____

_____

✔ **한 주간의 영성훈련을 점검합니다.** (참여가 어려웠던 이유를 기록한 후 개선할 내용을 적어봅시다.)

☐ 1년 성경통독　　　☐ 말씀묵상 및 필사　　　☐ 침묵기도

☐ 감사와 회개의 기도　☐ 감사일기　　　*열심히 참여 (○), 조금 부족 (△), 참여 못함 (×)

✔ **순례자의 노트를 작성하는 동안 가장 은혜로웠던 순간을 적어보세요.**

_____

_____

_____

_____

_____

_____

_____

_____

✔ (1인)　**가정예배**

· 사도신경　　　　　　　　· 찬송 : 453장 (예수 더 알기 원하네)

· 성경읽기 : 마태복음 17장 1-13절　· 기도 : 본인 또는 가족 중　　　· 주기도문

✔ **주일설교 묵상**

_____

_____

_____

_____

_____

_____

성경 묵상을 위해 필요한 자세와 태도 1

1. 열린 마음

성경 묵상은 하나님의 말씀을 듣고 이해하는 것입니다. 신비하고 영적인 세계에 대해 두려워하지 말고 열린 마음으로 말씀 묵상에 임하십시오.

2. 겸손

묵상을 위해 가장 필요한 자세는 겸손입니다. 인간의 지식과 이성에 의존하지 말고, 성령님께서 주시는 신령한 지혜와 인도하심을 의지하십시오.

3. 순종

하나님의 말씀을 듣고, 그 말씀에 따라 순종하고자 하는 마음이 묵상보다 먼저 있어야 합니다. 무슨 말씀을 하시든지 듣고 행하고자 하는 마음을 하나님께서 기뻐하십니다.

말씀묵상 및 필사 (반복해서 본문을 읽고 묵상한 후 필사합니다.)

· 거짓 일을 멀리 하며 무죄한 자와 의로운 자를 죽이지 말라 나는 악인을 의롭다 하지 아니하겠노라 (출 23:7)

· 그러므로 모든 악독과 모든 기만과 외식과 시기와 모든 비방하는 말을 버리고 갓난 아기들 같이 순전하고 신령한 젖을 사모하라 이는 그로 말미암아 너희로 구원에 이르도록 자라게 하려 함이라 (벧전 2:1-2)

_____
_____
_____
_____
_____
_____
_____
_____

✓ **말씀으로 드리는 고백기도**

  어린 아이를 가까이 하시고 그들을 축복하신 예수님, 주님의 말씀을 기억합니다. 하나님과 어린 양의 보좌가 있는 천국이 누구의 소유가 되는지 깨달아 알게 하소서. 하나님 나라의 백성으로 순결하고 거룩하게 하소서. 성령님, 도와주소서.

✓ **하나님의 성품을 묵상하는 침묵기도** (말씀을 통해 발견한 하나님의 성품을 고백하며 기도합니다.)

✓ **회개와 감사 및 간구기도** (말씀으로 깨달은 회개의 내용과 중보의 제목으로 기도합니다.)

✓ **감사일기**   일째

_____
_____

말씀묵상 및 필사 (반복해서 본문을 읽고 묵상한 후 필사합니다.)

· 여러 사람의 말이 우리에게 선을 보일 자 누구뇨 하오니 여호와여 주의 얼굴을 들어 우리에게 비추소서 (시 4:6)

· 예수께서 또 말씀하여 이르시되 나는 세상의 빛이니 나를 따르는 자는 어둠에 다니지 아니하고 생명의 빛을 얻으리라 (요 8:12)

_____

_____

_____

_____

_____

_____

_____

_____

✓ 말씀으로 드리는 고백기도

어두운 데에 빛이 비치라 말씀하셨던 하나님, 예수 그리스도의 얼굴에 있는 하나님의 영광을 아는 빛을 우리에게 비춰주셨습니다. 할렐루야. 예수 그리스도를 통해 하나님의 나라를 더욱 밝히 보게 하시니 감사합니다. 오늘도 진리의 말씀과 성령의 빛으로 나를 비추소서.

✓ 하나님의 성품을 묵상하는 침묵기도 (말씀을 통해 발견한 하나님의 성품을 고백하며 기도합니다.)

✓ 회개와 감사 및 간구기도 (말씀으로 깨달은 회개의 내용과 중보의 제목으로 기도합니다.)

✓ 감사일기   일째

_____

_____

말씀묵상 및 필사 (반복해서 본문을 읽고 묵상한 후 필사합니다.)

· 주 여호와께서 나를 도우시므로 내가 부끄러워하지 아니하고 내 얼굴을 부싯돌 같이 굳게 하
  였으므로 내가 수치를 당하지 아니할 줄 아노라 (사 50:7)

· 이제는 전에 멀리 있던 너희가 그리스도 예수 안에서 그리스도의 피로 가까워졌느니라
  (엡 2:13)

✓ 말씀으로 드리는 고백기도

주님께서 우리를 친히 인도하여 주소서. 하나님의 사랑과 그리스도의 인내로 기쁨과 화평의 노
래를 부르게 하소서. 회복과 구원의 하나님을 바라봅니다. 굳센 믿음의 사람들을 통해 영광을 받
으소서. 주님을 찬양합니다.

✓ 하나님의 성품을 묵상하는 침묵기도 (말씀을 통해 발견한 하나님의 성품을 고백하며 기도합니다.)

✓ 회개와 감사 및 간구기도 (말씀으로 깨달은 회개의 내용과 중보의 제목으로 기도합니다.)

✓ 감사일기   일째

말씀묵상 및 필사 (반복해서 본문을 읽고 묵상한 후 필사합니다.)

· 그의 위에 여호와의 영 곧 지혜와 총명의 영이요 모략과 재능의 영이요 지식과 여호와를 경외
하는 영이 강림하시리니 (사 11:2)

· 곧 하나님께서 그리스도 안에 계시사 세상을 자기와 화목하게 하시며 그들의 죄를 그들에게
돌리지 아니하시고 화목하게 하는 말씀을 우리에게 부탁하셨느니라 (고후 5:19)

_____

_____

_____

_____

_____

_____

_____

_____

_____

✓ 말씀으로 드리는 고백기도

　지혜의 영이신 성령님, 신령한 지혜와 총명과 하나님을 아는 것으로 우리를 충만히 채우소서. 그
리스도의 영과 지혜로 담대하게 주님의 말씀을 선포하는 자가 되기를 소원합니다. 주님께서 초청
하시는 축복의 길을 세상에 전하게 하소서.

✓ 하나님의 성품을 묵상하는 침묵기도 (말씀을 통해 발견한 하나님의 성품을 고백하며 기도합니다.)

✓ 회개와 감사 및 간구기도 (말씀으로 깨달은 회개의 내용과 중보의 제목으로 기도합니다.)

✓ 감사일기　　일째

_____

_____

말씀묵상 및 필사 (반복해서 본문을 읽고 묵상한 후 필사합니다.)

· 이는 너를 지으신 이가 네 남편이시라 그의 이름은 만군의 여호와이시며 네 구속자는 이스라엘의 거룩한 이시라 그는 온 땅의 하나님이라 일컬음을 받으실 것이라 (사 54:5)

· 그러므로 내가 너희에게 알리노니 하나님의 영으로 말하는 자는 누구든지 예수를 저주할 자라 하지 아니하고 또 성령으로 아니하고는 누구든지 예수를 주시라 할 수 없느니라 (고전 12:3)

_____

_____

_____

_____

_____

_____

_____

_____

✓ 말씀으로 드리는 고백기도

주님, 우리에게 허락하신 성령님의 인치심을 기뻐합니다. 우리에게 주님을 그리스도라 고백하게 하시고, 우리를 아버지의 백성으로 삼아 주심을 찬양합니다. 주님의 이름을 부르며 불의에서 떠나게 하시고, 주님의 거룩한 날개 아래 살아가게 하소서.

✓ 하나님의 성품을 묵상하는 침묵기도 (말씀을 통해 발견한 하나님의 성품을 고백하며 기도합니다.)

✓ 회개와 감사 및 간구기도 (말씀으로 깨달은 회개의 내용과 중보의 제목으로 기도합니다.)

✓ 감사일기   일째

_____

_____

✔ 한 주간의 영성훈련을 점검합니다. (참여가 어려웠던 이유를 기록한 후 개선할 내용을 적어봅시다.)

☐ 1년 성경통독   ☐ 말씀묵상 및 필사   ☐ 침묵기도

☐ 감사와 회개의 기도   ☐ 감사일기   *열심히 참여 (○), 조금 부족 (△), 참여 못함 (×)

✔ 순례자의 노트를 작성하는 동안 가장 은혜로웠던 순간을 적어보세요.

_____
_____
_____
_____
_____
_____
_____
_____

✔ (1인)   가정예배

· 사도신경   · 찬송 : 217장 (하나님이 말씀하시기를)

· 성경읽기 : 요한복음 8장 1-11절   · 기도 : 본인 또는 가족 중   · 주기도문

7. 7. (일)

✔ 주일설교 묵상

_____
_____
_____
_____
_____
_____

말씀묵상 및 필사 (반복해서 본문을 읽고 묵상한 후 필사합니다.)

· 하늘을 펴고 땅의 기초를 정하고 너를 지은 자 여호와를 어찌하여 잊어버렸느냐 너를 멸하려
고 준비하는 저 학대자의 분노를 어찌하여 항상 종일 두려워하느냐 학대자의 분노가 어디 있
느냐 (사 51:13)

· 너희가 거듭난 것은 썩어질 씨로 된 것이 아니요 썩지 아니할 씨로 된 것이니 살아 있고 항상
있는 하나님의 말씀으로 되었느니라 (벧전 1:23)

_____

_____

_____

_____

_____

_____

_____

✓ 말씀으로 드리는 고백기도

　말씀으로 세상을 창조하신 하나님의 권능을 묵상합니다. 말씀의 순결함과 완전함과 그 능력을
신뢰합니다. 살아계신 주님의 말씀을 의지하게 하소서. 진리와 사랑과 정의가 없는 세상에서 오직
하나님의 말씀을 의지하고 살아가게 하소서.

✓ 하나님의 성품을 묵상하는 침묵기도 (말씀을 통해 발견한 하나님의 성품을 고백하며 기도합니다.)

✓ 회개와 감사 및 간구기도 (말씀으로 깨달은 회개의 내용과 중보의 제목으로 기도합니다.)

✓ 감사일기　　일째

_____

_____

말씀묵상 및 필사 (반복해서 본문을 읽고 묵상한 후 필사합니다.)

· 해 뜨는 곳에서든지 지는 곳에서든지 나 밖에 다른 이가 없는 줄을 알게 하리라 나는 여호와라 다른 이가 없느니라 나는 빛도 짓고 어둠도 창조하며 나는 평안도 짓고 환난도 창조하나니 나는 여호와라 이 모든 일들을 행하는 자니라 하였노라 (사 45:6-7)

· 이르되 감사하옵나니 옛적에도 계셨고 지금도 계신 주 하나님 곧 전능하신이여 친히 큰 권능을 잡으시고 왕 노릇 하시도다 (계 11:17)

_____

_____

_____

_____

_____

_____

_____

_____

✓ 말씀으로 드리는 고백기도

  하나님, 주님은 여호와 창조주이십니다. 하나님은 정하신 뜻대로 기사와 기적을 성실함과 진실함으로 행하셨습니다. 주님의 이름을 높여 찬송합니다. 아버지의 약속은 신실하시니 날마다 우리가 믿는 도리의 소망을 굳게 잡고 살아가게 하소서.

✓ 하나님의 성품을 묵상하는 침묵기도 (말씀을 통해 발견한 하나님의 성품을 고백하며 기도합니다.)

✓ 회개와 감사 및 간구기도 (말씀으로 깨달은 회개의 내용과 중보의 제목으로 기도합니다.)

✓ 감사일기   일째

_____

_____

말씀묵상 및 필사 (반복해서 본문을 읽고 묵상한 후 필사합니다.)

· 내가 여호와께서 우리에게 베푸신 모든 자비와 그의 찬송을 말하며 그의 사랑을 따라, 그의 많은 자비를 따라 이스라엘 집에 베푸신 큰 은총을 말하리라 (사 63:7)

· 우리 주 예수 그리스도의 아버지 하나님을 찬송하리로다 그의 많으신 긍휼대로 예수 그리스도를 죽은 자 가운데서 부활하게 하심으로 말미암아 우리를 거듭나게 하사 산 소망이 있게 하시며 (벧전 1:3)

✓ 말씀으로 드리는 고백기도

　예수 그리스도, 구원의 주님을 찬양합니다. 죄의 종으로 살던 우리를 생명의 길로 인도하신 하나님께 감사합니다. 하나님의 나라를 바라보며 영원히 죽지 않을 부활의 몸을 입을 그날을 소망합니다. 그날까지 우리와 함께 하소서.

✓ 하나님의 성품을 묵상하는 침묵기도 (말씀을 통해 발견한 하나님의 성품을 고백하며 기도합니다.)

✓ 회개와 감사 및 간구기도 (말씀으로 깨달은 회개의 내용과 중보의 제목으로 기도합니다.)

✓ 감사일기　　일째

말씀묵상 및 필사 (반복해서 본문을 읽고 묵상한 후 필사합니다.)

· 사무엘이 이스라엘 온 족속에게 말하여 이르되 만일 너희가 전심으로 여호와께 돌아오려거든 이방 신들과 아스다롯을 너희 중에서 제거하고 너희 마음을 여호와께로 향하여 그만을 섬기라 그리하면 너희를 블레셋 사람의 손에서 건져내시리라 (삼상 7:3)

· 네 보물 있는 그 곳에는 네 마음도 있느니라 (마 6:21)

✓ 말씀으로 드리는 고백기도

주님, 하나님과 재물을 같이 섬길 수 없습니다. 하늘을 향해 믿음을 고백하면서 우상을 섬기는 악한 죄를 범하지 않게 하소서. 믿음을 주소서. 아버지와 함께 하는 삶이 가장 충만한 삶이라는 사실을 깨닫게 하소서. 오직 한 분 하나님만을 섬기게 하소서.

✓ 하나님의 성품을 묵상하는 침묵기도 (말씀을 통해 발견한 하나님의 성품을 고백하며 기도합니다.)

✓ 회개와 감사 및 간구기도 (말씀으로 깨달은 회개의 내용과 중보의 제목으로 기도합니다.)

✓ 감사일기   일째

말씀묵상 및 필사 (반복해서 본문을 읽고 묵상한 후 필사합니다.)

· 네 이웃의 아내를 탐내지 말지니라 네 이웃의 집이나 그의 밭이나 그의 남종이나 그의 여종이
나 그의 소나 그의 나귀나 네 이웃의 모든 소유를 탐내지 말지니라 (신 5:21)

· 그러므로 땅에 있는 지체를 죽이라 곧 음란과 부정과 사욕과 악한 정욕과 탐심이니 탐심은 우
상 숭배니라 (골 3:5)

_____

_____

_____

_____

_____

_____

_____

_____

_____

✓ 말씀으로 드리는 고백기도
  성령님, 우리 안에 있는 모든 악한 것들을 물리쳐 주소서. 사람의 생명이 소유의 넉넉한 데 있지
않다는 주님의 말씀을 기억합니다. 욕망과 탐심과 음란과 부정이 심각한 죄라는 것을 인식하게 하
소서. 생명이신 주님을 바라보고 참 만족을 얻게 하소서.

✓ 하나님의 성품을 묵상하는 침묵기도 (말씀을 통해 발견한 하나님의 성품을 고백하며 기도합니다.)

✓ 회개와 감사 및 간구기도 (말씀으로 깨달은 회개의 내용과 중보의 제목으로 기도합니다.)

✓ 감사일기   일째

_____

_____

✔ 한 주간의 영성훈련을 점검합니다. (참여가 어려웠던 이유를 기록한 후 개선할 내용을 적어봅시다.)

☐ 1년 성경통독   ☐ 말씀묵상 및 필사   ☐ 침묵기도

☐ 감사와 회개의 기도   ☐ 감사일기   *열심히 참여 (○), 조금 부족 (△), 참여 못함 (×)

✔ 순례자의 노트를 작성하는 동안 가장 은혜로웠던 순간을 적어보세요.

_____
_____
_____
_____
_____
_____
_____
_____

✔ (1인) **가정예배**

· 사도신경   · 찬송 : 87장 (내 주님 입으신 그 옷은)

· 성경읽기 : 누가복음 10장 38-42절 · 기도 : 본인 또는 가족 중   · 주기도문

7. 14. (일)

✔ 주일설교 묵상

_____
_____
_____
_____
_____

말씀묵상 및 필사 (반복해서 본문을 읽고 묵상한 후 필사합니다.)

· 주께서 그들을 홍수처럼 쓸어가시나이다 그들은 잠깐 자는 것 같으며 아침에 돋는 풀 같으니이다 풀은 아침에 꽃이 피어 자라다가 저녁에는 시들어 마르나이다 (시 90:5-6)

· 죽은 자의 부활도 그와 같으니 썩을 것으로 심고 썩지 아니할 것으로 다시 살아나며 (고전 15:42)

_____

_____

_____

_____

_____

_____

_____

_____

_____

✓ 말씀으로 드리는 고백기도

썩을 양식을 위해 살지 않고 영생을 위한 양식을 얻기 위해 일하게 하소서. 썩어질 몸에 집중하지 않고 부활의 몸을 소망하며 영원한 상급을 바라보게 하소서.

✓ 하나님의 성품을 묵상하는 침묵기도 (말씀을 통해 발견한 하나님의 성품을 고백하며 기도합니다.)

✓ 회개와 감사 및 간구기도 (말씀으로 깨달은 회개의 내용과 중보의 제목으로 기도합니다.)

✓ 감사일기   일째

_____

_____

말씀묵상 및 필사 (반복해서 본문을 읽고 묵상한 후 필사합니다.)

· 여호와 나의 하나님이여 나를 도우시며 주의 인자하심을 따라 나를 구원하소서 (시 109:26)

· 우리가 마게도냐에 이르렀을 때에도 우리 육체가 편하지 못하였고 사방으로 환난을 당하여 밖
으로는 다툼이요 안으로는 두려움이었노라 그러나 낙심한 자들을 위로하시는 하나님이 디도
가 옴으로 우리를 위로하셨으니 (고후 7:5-6)

_____

_____

_____

_____

_____

_____

_____

_____

_____

✓ **말씀으로 드리는 고백기도**

주님, 주님이 주신 소망 중에 즐거워하며, 환난 중에 참고 항상 기도에 힘쓰는 자가 되기를 원합
니다. 모든 상황 속에서 일하시는 하나님을 신뢰합니다. 주님의 섭리와 약속으로 우리를 위로하
소서.

✓ **하나님의 성품을 묵상하는 침묵기도** (말씀을 통해 발견한 하나님의 성품을 고백하며 기도합니다.)

✓ **회개와 감사 및 간구기도** (말씀으로 깨달은 회개의 내용과 중보의 제목으로 기도합니다.)

✓ **감사일기**　　　**일째**

_____

_____

말씀묵상 및 필사 (반복해서 본문을 읽고 묵상한 후 필사합니다.)

· 여호와여 주께서 우리를 위하여 평강을 베푸시오리니 주께서 우리의 모든 일도 우리를 위하여 이루심이니이다 (사 26:12)

· 그러나 내가 나 된 것은 하나님의 은혜로 된 것이니 내게 주신 그의 은혜가 헛되지 아니하여 내가 모든 사도보다 더 많이 수고하였으나 내가 한 것이 아니요 오직 나와 함께 하신 하나님의 은혜로라 (고전 15:10)

✓ 말씀으로 드리는 고백기도

하나님, 우리가 누리는 모든 것은 삼위일체 하나님의 충만하신 사랑으로부터 온 것임을 믿습니다. 구원의 은혜 위에 넘치는 은혜를 누리게 하시는 하나님을 찬양합니다. 주님, 우리와 항상 함께 하소서.

✓ 하나님의 성품을 묵상하는 침묵기도 (말씀을 통해 발견한 하나님의 성품을 고백하며 기도합니다.)

✓ 회개와 감사 및 간구기도 (말씀으로 깨달은 회개의 내용과 중보의 제목으로 기도합니다.)

✓ 감사일기   일째

말씀묵상 및 필사 (반복해서 본문을 읽고 묵상한 후 필사합니다.)

· 주께서는 보셨나이다 주는 재앙과 원한을 감찰하시고 주의 손으로 갚으려 하시오니 외로운 자가 주를 의지하나이다 주는 벌써부터 고아를 도우시는 이시니이다 (시 10:14)

· 예수께서 나오사 큰 무리를 보시고 그 목자 없는 양 같음으로 인하여 불쌍히 여기사 이에 여러 가지로 가르치시더라 (막 6:34)

_____

_____

_____

_____

_____

_____

_____

_____

_____

✓ 말씀으로 드리는 고백기도

　선한 목자이신 주님, 우리를 목자 없는 양과 같이 버려두지 않으시고 불쌍히 여겨 주시니 감사합니다. 예수 그리스도가 없는 삶은 절망과 죽음뿐임을 깨닫습니다. 주님과 함께 하는 거룩한 삶 속에서 주님의 선하심과 인자하심을 보게 하소서.

✓ 하나님의 성품을 묵상하는 침묵기도 (말씀을 통해 발견한 하나님의 성품을 고백하며 기도합니다.)

✓ 회개와 감사 및 간구기도 (말씀으로 깨달은 회개의 내용과 중보의 제목으로 기도합니다.)

✓ 감사일기　　일째

_____

_____

말씀묵상 및 필사 (반복해서 본문을 읽고 묵상한 후 필사합니다.)

· 이 성읍 주민이 저 성읍에 가서 이르기를 우리가 속히 가서 만군의 여호와를 찾고 여호와께 은혜를 구하자 하면 나도 가겠노라 하겠으며 (슥 8:21)

· 벳새다에 이르매 사람들이 맹인 한 사람을 데리고 예수께 나아와 손 대시기를 구하거늘 (막 8:22)

_____

_____

_____

_____

_____

_____

_____

_____

✓ 말씀으로 드리는 고백기도

곤고한 때 주님께 간절히 구합니다. 부르짖는 소리를 외면하지 않으시는 주님을 의지합니다. 주님만이 우리의 상처난 곳을 고치시고 회복시키실 수 있는 분임을 믿습니다. 우리를 불쌍히 여겨 주소서.

✓ 하나님의 성품을 묵상하는 침묵기도 (말씀을 통해 발견한 하나님의 성품을 고백하며 기도합니다.)

✓ 회개와 감사 및 간구기도 (말씀으로 깨달은 회개의 내용과 중보의 제목으로 기도합니다.)

✓ 감사일기   일째

_____

_____

✔ **한 주간의 영성훈련을 점검합니다.** (참여가 어려웠던 이유를 기록한 후 개선할 내용을 적어봅시다.)

☐ 1년 성경통독　　　☐ 말씀묵상 및 필사　　　☐ 침묵기도

☐ 감사와 회개의 기도　☐ 감사일기　　　*열심히 참여 (○), 조금 부족 (△), 참여 못함 (×)

✔ **순례자의 노트를 작성하는 동안 가장 은혜로웠던 순간을 적어보세요.**

_____
_____
_____
_____
_____
_____
_____
_____

✔ **(1인)　가정예배**

· 사도신경　　　　　　　· 찬송 : 546장 (주님 약속하신 말씀 위에 서)

· 성경읽기 : 누가복음 12장 35-40절 · 기도 : 본인 또는 가족 중　　　· 주기도문

7. 21. (일)

✔ **주일설교 묵상**

_____
_____
_____
_____
_____
_____

말씀묵상 및 필사 (반복해서 본문을 읽고 묵상한 후 필사합니다.)

· 이는 그가 땅 끝까지 감찰하시며 온 천하를 살피시며 (욥 28:24)

· 이는 우리 마음이 혹 우리를 책망할 일이 있어도 하나님은 우리 마음보다 크시고 모든 것을 아
 시기 때문이라 (요일 3:20)

_____

_____

_____

_____

_____

_____

_____

_____

_____

_____

✓ 말씀으로 드리는 고백기도
 주님, 완악한 우리의 중심을 보시고 긍휼히 여겨 주소서. 성령님께서 말씀하시는 음성에 귀를 기
울이게 하소서. 주님의 명령에 순종하며 영적 분별력을 가지고 살아가게 하소서. 성령님, 도와주
소서.

✓ 하나님의 성품을 묵상하는 침묵기도 (말씀을 통해 발견한 하나님의 성품을 고백하며 기도합니다.)

✓ 회개와 감사 및 간구기도 (말씀으로 깨달은 회개의 내용과 중보의 제목으로 기도합니다.)

✓ 감사일기   일째

_____

_____

말씀묵상 및 필사 (반복해서 본문을 읽고 묵상한 후 필사합니다.)

· 다니엘이 이 조서에 왕의 도장이 찍힌 것을 알고도 자기 집에 돌아가서는 윗방에 올라가 예루
살렘으로 향한 창문을 열고 전에 하던 대로 하루 세 번씩 무릎을 꿇고 기도하며 그의 하나님께
감사하였더라 (단 6:10)

· 박해를 받아도 버린 바 되지 아니하며 거꾸러뜨림을 당하여도 망하지 아니하고 (고후 4:9)

_____

_____

_____

_____

_____

_____

_____

_____

_____

✓ 말씀으로 드리는 고백기도

우리에게 믿음을 주신 하나님을 찬양합니다. 선물로 허락하신 이 믿음을 지키게 하소서. 사방으
로 욱여쌈을 당하고 답답한 일을 당해도 낙심하지 않게 하소서. 박해를 받아도 버려지지 않고 거
꾸러뜨림을 당해도 망하지 않게 우리를 지켜주소서.

✓ 하나님의 성품을 묵상하는 침묵기도 (말씀을 통해 발견한 하나님의 성품을 고백하며 기도합니다.)

✓ 회개와 감사 및 간구기도 (말씀으로 깨달은 회개의 내용과 중보의 제목으로 기도합니다.)

✓ 감사일기   일째

_____

_____

말씀묵상 및 필사 (반복해서 본문을 읽고 묵상한 후 필사합니다.)

· 여호와께서 그의 백성을 속량하시며 그의 언약을 영원히 세우셨으니 그의 이름이 거룩하고 지존하시도다 (시 111:9)

· 그러므로 우리가 믿음으로 의롭다 하심을 받았으니 우리 주 예수 그리스도로 말미암아 하나님과 화평을 누리자 (롬 5:1)

_____

_____

_____

_____

_____

_____

_____

_____

✓ 말씀으로 드리는 고백기도

하나님, 주님이 허락하신 구원의 은혜 안에 날마다 기쁨이 충만합니다. 우리를 의롭다 여겨주신 은혜를 찬송합니다. 영혼 깊은 곳으로부터 찬양과 삶을 모두 드리는 헌신으로 주님의 은혜에 즐거이 반응하며 살아가게 하소서.

✓ 하나님의 성품을 묵상하는 침묵기도 (말씀을 통해 발견한 하나님의 성품을 고백하며 기도합니다.)

✓ 회개와 감사 및 간구기도 (말씀으로 깨달은 회개의 내용과 중보의 제목으로 기도합니다.)

✓ 감사일기   일째

_____

_____

말씀묵상 및 필사 (반복해서 본문을 읽고 묵상한 후 필사합니다.)

· 백성이 모세에게 이르러 말하되 우리가 여호와와 당신을 향하여 원망함으로 범죄하였사오니 여호와께 기도하여 이 뱀들을 우리에게서 떠나게 하소서 모세가 백성을 위하여 기도하매 (민 21:7)

· 그러므로 자기를 힘입어 하나님께 나아가는 자들을 온전히 구원하실 수 있으니 이는 그가 항상 살아 계셔서 그들을 위하여 간구하심이라 (히 7:25)

✓ 말씀으로 드리는 고백기도

하나님 아버지, 주님의 약속을 의지하며 기도합니다. 정욕을 따라 구했던 우리를 용서하소서. 하나님의 뜻을 구하며 믿음과 사랑으로 간절히 기도하기를 원합니다. 주님의 마음으로 기도하고, 모든 기도에 응답하실 하나님을 찬양하게 하소서.

✓ 하나님의 성품을 묵상하는 침묵기도 (말씀을 통해 발견한 하나님의 성품을 고백하며 기도합니다.)

✓ 회개와 감사 및 간구기도 (말씀으로 깨달은 회개의 내용과 중보의 제목으로 기도합니다.)

✓ 감사일기   일째

말씀묵상 및 필사 (반복해서 본문을 읽고 묵상한 후 필사합니다.)

· 이 후에 여호와의 말씀이 환상 중에 아브람에게 임하여 이르시되 아브람아 두려워하지 말라 나는 네 방패요 너의 지극히 큰 상급이니라 (창 15:1)

· 너희가 그리스도의 것이면 곧 아브라함의 자손이요 약속대로 유업을 이을 자니라 (갈 3:29)

_____

_____

_____

_____

_____

_____

_____

_____

✓ 말씀으로 드리는 고백기도

성경의 모든 약속이 나의 약속이 되게 하신 하나님을 찬양합니다. 약속하신 상급과 유업이 나의 삶 가운데 이루어질 줄 믿습니다. 주님은 신실하시고 자기를 부인하실 수 없는 분임을 믿음으로 고백합니다. 주님을 사랑합니다.

✓ 하나님의 성품을 묵상하는 침묵기도 (말씀을 통해 발견한 하나님의 성품을 고백하며 기도합니다.)

✓ 회개와 감사 및 간구기도 (말씀으로 깨달은 회개의 내용과 중보의 제목으로 기도합니다.)

✓ 감사일기   일째

_____

_____

✔ **한 주간의 영성훈련을 점검합니다.** (참여가 어려웠던 이유를 기록한 후 개선할 내용을 적어봅시다.)

☐ 1년 성경통독　　　☐ 말씀묵상 및 필사　　　☐ 침묵기도

☐ 감사와 회개의 기도　☐ 감사일기　　　*열심히 참여 (○), 조금 부족 (△), 참여 못함 (×)

✔ **순례자의 노트를 작성하는 동안 가장 은혜로웠던 순간을 적어보세요.**

_____
_____
_____
_____
_____
_____
_____
_____

✔ **(1인)** 　**가정예배**

· 사도신경　　　　　　　· 찬송 :442장 (저 장미꽃 위에 이슬)

· 성경읽기 : 누가복음 13장 10-17절 · 기도 : 본인 또는 가족 중　　· 주기도문

7. 28. (일)

✔ **주일설교 묵상**

_____
_____
_____
_____
_____

말씀묵상 및 필사 (반복해서 본문을 읽고 묵상한 후 필사합니다.)

· 여호와 내 하나님이여 내가 주께 부르짖으매 나를 고치셨나이다 (시 30:2)

· 내 이름으로 무엇이든지 내게 구하면 내가 행하리라 (요 14:14)

_____

_____

_____

_____

_____

_____

_____

_____

_____

✔ 말씀으로 드리는 고백기도

성령님, 기도하게 하소서. 기도가 부족합니다. 주님의 약속을 의지하고 기도하는 용사가 되게 하소서. 기도를 들으시고 모든 일을 이루실 주님을 찬송합니다. 할렐루야.

✔ 하나님의 성품을 묵상하는 침묵기도 (말씀을 통해 발견한 하나님의 성품을 고백하며 기도합니다.)

✔ 회개와 감사 및 간구기도 (말씀으로 깨달은 회개의 내용과 중보의 제목으로 기도합니다.)

✔ 감사일기   일째

_____

_____

말씀묵상 및 필사 (반복해서 본문을 읽고 묵상한 후 필사합니다.)

· 네가 먹어서 배부르고 네 하나님 여호와께서 옥토를 네게 주셨음으로 말미암아 그를 찬송하리라 (신 8:10)

· 그런즉 너희가 먹든지 마시든지 무엇을 하든지 다 하나님의 영광을 위하여 하라 (고전 10:31)

_____

_____

_____

_____

_____

_____

_____

_____

_____

_____

✓ 말씀으로 드리는 고백기도

허물과 죄로 물든 우리를 주님의 영광의 빛에 참여하게 하시는 하나님을 찬송합니다. 이제 우리가 하나님의 영광의 빛으로 서게 하소서. 나의 나 된 것이 다 하나님의 은혜임을 깨닫고 살아가게 하소서.

✓ 하나님의 성품을 묵상하는 침묵기도 (말씀을 통해 발견한 하나님의 성품을 고백하며 기도합니다.)

✓ 회개와 감사 및 간구기도 (말씀으로 깨달은 회개의 내용과 중보의 제목으로 기도합니다.)

✓ 감사일기   일째

_____

_____

말씀묵상 및 필사 (반복해서 본문을 읽고 묵상한 후 필사합니다.)

· 내가 네 곁으로 지나며 보니 네 때가 사랑을 할 만한 때라 내 옷으로 너를 덮어 벌거벗은 것을 가리고 네게 맹세하고 언약하여 너를 내게 속하게 하였느니라 나 주 여호와의 말이니라 (겔 16:8)

· 너희가 전에는 백성이 아니더니 이제는 하나님의 백성이요 전에는 긍휼을 얻지 못하였더니 이제는 긍휼을 얻은 자니라 (벧전 2:10)

_____

_____

_____

_____

_____

_____

_____

_____

_____

✓ 말씀으로 드리는 고백기도

우리의 허물과 죄를 죽음으로 대신하신 예수 그리스도의 십자가를 바라봅니다. 멸망의 어둠 속에서 살아가던 우리에게 구원을 베푸시고 하나님과 화목하게 하신 사랑을 깨닫습니다. 주님께서 베풀어 주신 복을 매일 묵상하게 하옵소서. 거역하는 자로 살지 않게 하소서.

✓ 하나님의 성품을 묵상하는 침묵기도 (말씀을 통해 발견한 하나님의 성품을 고백하며 기도합니다.)

✓ 회개와 감사 및 간구기도 (말씀으로 깨달은 회개의 내용과 중보의 제목으로 기도합니다.)

✓ 감사일기   일째

_____

_____

성경 묵상을 위해 필요한 자세와 태도 2

4. 집중

말씀을 묵상할 때는 집중해서 하나님의 말씀에 몰입하는 것이 중요합니다. 집중을 방해하는 모든 산만한 생각을 정리하는 것도 묵상 훈련의 중요한 과정입니다.

5. 인내

깊고 성숙한 성경 묵상은 짧은 시간에 이루어지지 않습니다. 오랜 시간 꾸준히 참여하고 적용해야 얻을 수 있습니다. 묵상은 인내와 성실이 요구되는 과정입니다.

6. 성찰

묵상을 통해 깨닫게 된 내용으로 자신의 삶을 돌아보십시오. 주님 앞에 기도할 것이 무엇인지, 돌이키고 고쳐야 하는 것이 무엇인지, 새롭게 붙잡고 가야할 뜻이 무엇인지 찾으려고 힘써야 합니다.

말씀묵상 및 필사 (반복해서 본문을 읽고 묵상한 후 필사합니다.)

· 에브라임이 스스로 탄식함을 내가 분명히 들었노니 주께서 나를 징벌하시매 멍에에 익숙하지 못한 송아지 같은 내가 징벌을 받았나이다 주는 나의 하나님 여호와이시니 나를 이끌어 돌이키소서 그리하시면 내가 돌아오겠나이다 (렘 31:18)

· 내가 그리스도와 함께 십자가에 못 박혔나니 그런즉 이제는 내가 사는 것이 아니요 오직 내 안에 그리스도께서 사시는 것이라 이제 내가 육체 가운데 사는 것은 나를 사랑하사 나를 위하여 자기 자신을 버리신 하나님의 아들을 믿는 믿음 안에서 사는 것이라 (갈 2:20)

_____

_____

_____

_____

_____

_____

✓ 말씀으로 드리는 고백기도

　십자가의 사랑을 깊이 깨닫게 하소서. 철저히 자신을 버리시고 아버지의 뜻이 이루어지기를 원하신 예수님의 마음을 닮게 하소서. 나를 버리고 순종해야 할 때를 알게 하시고 선하신 주님의 뜻을 이루게 하소서.

✓ 하나님의 성품을 묵상하는 침묵기도 (말씀을 통해 발견한 하나님의 성품을 고백하며 기도합니다.)

✓ 회개와 감사 및 간구기도 (말씀으로 깨달은 회개의 내용과 중보의 제목으로 기도합니다.)

✓ 감사일기　　일째

_____

_____

말씀묵상 및 필사 (반복해서 본문을 읽고 묵상한 후 필사합니다.)

· 이 전쟁에는 너희가 싸울 것이 없나니 대열을 이루고 서서 너희와 함께 한 여호와가 구원하는 것을 보라 유다와 예루살렘아 너희는 두려워하지 말며 놀라지 말고 내일 그들을 맞서 나가라 여호와가 너희와 함께 하리라 하셨느니라 하매 (대하 20:17)

· 하나님의 도우심을 받아 내가 오늘까지 서서 높고 낮은 사람 앞에서 증언하는 것은 선지자들과 모세가 반드시 되리라고 말한 것밖에 없으니 (행 26:22)

_____

_____

_____

_____

_____

_____

_____

✓ 말씀으로 드리는 고백기도

하나님은 바다를 가르시고 마른 땅을 걷게 하신 분이십니다. 할렐루야. 하나님께 맡기는 삶이 무엇인지 알게 하소서. 우리가 도구가 되어 아버지의 능력을 힘입어 사는 것이 무엇인지 보게 하소서. 구원의 은혜 안에 두려움을 벗어버리게 하소서.

✓ 하나님의 성품을 묵상하는 침묵기도 (말씀을 통해 발견한 하나님의 성품을 고백하며 기도합니다.)

✓ 회개와 감사 및 간구기도 (말씀으로 깨달은 회개의 내용과 중보의 제목으로 기도합니다.)

✓ 감사일기   일째

_____

_____

✔ **한 주간의 영성훈련을 점검합니다.** (참여가 어려웠던 이유를 기록한 후 개선할 내용을 적어봅시다.)

☐ 1년 성경통독　　　☐ 말씀묵상 및 필사　　　☐ 침묵기도

☐ 감사와 회개의 기도　☐ 감사일기　　　*열심히 참여 (○), 조금 부족 (△), 참여 못함 (×)

✔ **순례자의 노트를 작성하는 동안 가장 은혜로웠던 순간을 적어보세요.**

_____

_____

_____

_____

_____

_____

_____

_____

_____

✔ (1인)　**가정예배**

· 사도신경　　　　　　　　· 찬송 : 421장 (내가 예수 믿고서)

· 성경읽기 : 누가복음 14장 1-24절　· 기도 : 본인 또는 가족 중　　　· 주기도문

8. 4. (일)

✔ **주일설교 묵상**

_____

_____

_____

_____

_____

_____

말씀묵상 및 필사 (반복해서 본문을 읽고 묵상한 후 필사합니다.)

· 땅이 싹을 내며 동산이 거기 뿌린 것을 움돋게 함 같이 주 여호와께서 공의와 찬송을 모든 나라 앞에 솟아나게 하시리라 (사 61:11)

· 이르시되 추수할 것은 많되 일꾼이 적으니 그러므로 추수하는 주인에게 청하여 추수할 일꾼들을 보내 주소서 하라 (눅 10:2)

✓ 말씀으로 드리는 고백기도

구원을 받은 자들로 마땅히 그리스도의 일꾼이 된 것을 기뻐합니다. 하나님의 비밀을 맡은 자로 감사하며 주님을 전하게 하소서. 복음의 신비와 생명을 전하는 일이 당연한 것임을 믿음으로 고백합니다. 성령님, 우리를 도와주소서.

✓ 하나님의 성품을 묵상하는 침묵기도 (말씀을 통해 발견한 하나님의 성품을 고백하며 기도합니다.)

✓ 회개와 감사 및 간구기도 (말씀으로 깨달은 회개의 내용과 중보의 제목으로 기도합니다.)

✓ 감사일기   일째

말씀묵상 및 필사 (반복해서 본문을 읽고 묵상한 후 필사합니다.)

· 주여 하늘에서 굽어 살피시며 주의 거룩하고 영화로운 처소에서 보옵소서 주의 열성과 주의 능하신 행동이 이제 어디 있나이까 주께서 베푸시던 간곡한 자비와 사랑이 내게 그쳤나이다 (사 63:15)

· 통치자들과 권세들을 무력화하여 드러내어 구경거리로 삼으시고 십자가로 그들을 이기셨느 니라 (골 2:15)

✓ 말씀으로 드리는 고백기도

만군의 여호와 하나님, 주님께서 우리를 대신하여 싸워주십니다. 죄를 씻어주시고 사탄의 권세 를 꺾으시고 우리의 삶에 승리를 주시는 주님을 찬양합니다. 능력의 하나님이 나의 하나님이시니 두려울 것이 없습니다. 할렐루야.

✓ 하나님의 성품을 묵상하는 침묵기도 (말씀을 통해 발견한 하나님의 성품을 고백하며 기도합니다.)

✓ 회개와 감사 및 간구기도 (말씀으로 깨달은 회개의 내용과 중보의 제목으로 기도합니다.)

✓ 감사일기   일째

말씀묵상 및 필사 (반복해서 본문을 읽고 묵상한 후 필사합니다.)

· 그러므로 여호와께서 이 재앙을 간직하여 두셨다가 우리에게 내리게 하셨사오니 우리의 하나님 여호와께서 행하시는 모든 일이 공의로우시나 우리가 그 목소리를 듣지 아니하였음이니이다 (단 9:14)

· 이는 하나님께서 외모로 사람을 취하지 아니하심이라 (롬 2:11)

_____

_____

_____

_____

_____

_____

_____

_____

_____

✓ 말씀으로 드리는 고백기도

하나님께서는 통회하는 마음과 순종하고 헌신하는 영혼을 찾으시는 줄 믿습니다. 중심을 보시는 하나님 앞에서 신실하게 믿음으로 살아가게 하소서. 주님, 우리의 허물을 불쌍히 여기시고 크고 작은 죄악을 씻어주시며 새롭게 하소서.

✓ 하나님의 성품을 묵상하는 침묵기도 (말씀을 통해 발견한 하나님의 성품을 고백하며 기도합니다.)

✓ 회개와 감사 및 간구기도 (말씀으로 깨달은 회개의 내용과 중보의 제목으로 기도합니다.)

✓ 감사일기   일째

_____

_____

말씀묵상 및 필사 (반복해서 본문을 읽고 묵상한 후 필사합니다.)

· 악을 버리고 선을 행하며 화평을 찾아 따를지어다 (시 34:14)

· 마지막으로 말하노니 너희가 다 마음을 같이하여 동정하며 형제를 사랑하며 불쌍히 여기며 겸손하며 (벧전 3:8)

_____

_____

_____

_____

_____

_____

_____

_____

_____

✓ 말씀으로 드리는 고백기도

   형제가 함께 기뻐하며 찬양하는 것을 원하시는 하나님, 함께 위로하고 기도하고 주님을 섬기는 자들이 되게 하소서. 공동체를 통해 사랑하는 법을 배우게 하소서. 우리 안에 거하시는 성령님을 의지하며 평강의 공동체를 세워가게 하소서.

✓ 하나님의 성품을 묵상하는 침묵기도 (말씀을 통해 발견한 하나님의 성품을 고백하며 기도합니다.)

✓ 회개와 감사 및 간구기도 (말씀으로 깨달은 회개의 내용과 중보의 제목으로 기도합니다.)

✓ 감사일기   일째

_____

_____

말씀묵상 및 필사 (반복해서 본문을 읽고 묵상한 후 필사합니다.)

· 너희가 온 마음으로 나를 구하면 나를 찾을 것이요 나를 만나리라 이것은 여호와의 말씀이니
  라 나는 너희들을 만날 것이며 너희를 포로된 중에서 다시 돌아오게 하되 내가 쫓아 보내었던
  나라들과 모든 곳에서 모아 사로잡혀 떠났던 그 곳으로 돌아오게 하리라 이것은 여호와의 말
  씀이니라 (렘 29:13-14)

· 앞으로 달려가서 보기 위하여 돌무화과나무에 올라가니 이는 예수께서 그리로 지나가시게 됨
  이러라 예수께서 그 곳에 이르사 쳐다 보시고 이르시되 삭개오야 속히 내려오라 내가 오늘 네
  집에 유하여야 하겠다 하시니 (눅 19:4-5)

_____

_____

_____

_____

_____

_____

✓ 말씀으로 드리는 고백기도

　주님의 영이 임하시면 포로된 자가 자유를, 갇힌 자가 놓임을 받는 줄 믿습니다. 하나님의 영으
로 인도함을 받는 사람은 하나님의 자녀임을 확증해 주셨습니다. 주님이 부르실 때 아멘하고 달려
가게 하소서. 성령님, 우리를 인도하소서.

✓ 하나님의 성품을 묵상하는 침묵기도 (말씀을 통해 발견한 하나님의 성품을 고백하며 기도합니다.)

✓ 회개와 감사 및 간구기도 (말씀으로 깨달은 회개의 내용과 중보의 제목으로 기도합니다.)

✓ 감사일기　　　일째

_____

_____

✔ **한 주간의 영성훈련을 점검합니다.** (참여가 어려웠던 이유를 기록한 후 개선할 내용을 적어봅시다.)

☐ 1년 성경통독   ☐ 말씀묵상 및 필사   ☐ 침묵기도

☐ 감사와 회개의 기도   ☐ 감사일기   *열심히 참여 (○), 조금 부족 (△), 참여 못함 (×)

✔ **순례자의 노트를 작성하는 동안 가장 은혜로웠던 순간을 적어보세요.**

_____

_____

_____

_____

_____

_____

_____

_____

_____

✔ (1인)   **가정예배**

· 사도신경   · 찬송 : 200장 (달고 오묘한 그 말씀)

· 성경읽기 : 누가복음 15장 1-32절   · 기도 : 본인 또는 가족 중   · 주기도문

8. 11. (일)

✔ **주일설교 묵상**

_____

_____

_____

_____

_____

_____

말씀묵상 및 필사 (반복해서 본문을 읽고 묵상한 후 필사합니다.)

· 인자야 너는 네 민족에게 이르기를 의인이 범죄하는 날에는 그 공의가 구원하지 못할 것이요 악인이 돌이켜 그 악에서 떠나는 날에는 그 악이 그를 엎드러뜨리지 못할 것인즉 의인이 범죄하는 날에는 그 의로 말미암아 살지 못하리라 (겔 33:12)

· 제자들이 나가서 회개하라 전파하고 (막 6:12)

_____

_____

_____

_____

_____

_____

_____

_____

_____

✓ 말씀으로 드리는 고백기도

　주님의 나라가 이미 임했고 주님은 우리와 함께 계십니다. 주님의 풍성하신 은혜를 선포하게 하소서. 거짓되고 악한 세상에 진리의 말씀을 나타내소서. 겸손히 주님의 명령에 순종할 때 참 열매를 맺게 하실 줄 믿습니다. 할렐루야.

✓ 하나님의 성품을 묵상하는 침묵기도 (말씀을 통해 발견한 하나님의 성품을 고백하며 기도합니다.)

✓ 회개와 감사 및 간구기도 (말씀으로 깨달은 회개의 내용과 중보의 제목으로 기도합니다.)

✓ 감사일기　　일째

_____

_____

말씀묵상 및 필사 (반복해서 본문을 읽고 묵상한 후 필사합니다.)

· 하나님이여 내 속에 정한 마음을 창조하시고 내 안에 정직한 영을 새롭게 하소서 (시 51:10)

· 값으로 산 것이 되었으니 그런즉 너희 몸으로 하나님께 영광을 돌리라 (고전 6:20)

_____

_____

_____

_____

_____

_____

_____

_____

_____

✓ 말씀으로 드리는 고백기도

성령의 열매를 맺게 하소서. 그리스도의 인격과 성품인 사랑과 희락과 화평과 오래 참음과 자비와 양선과 충성과 온유와 절제가 우리의 인격과 성품이 되게 하소서. 성령님, 간절히 소망합니다.

✓ 하나님의 성품을 묵상하는 침묵기도 (말씀을 통해 발견한 하나님의 성품을 고백하며 기도합니다.)

✓ 회개와 감사 및 간구기도 (말씀으로 깨달은 회개의 내용과 중보의 제목으로 기도합니다.)

✓ 감사일기   일째

_____

_____

말씀묵상 및 필사 (반복해서 본문을 읽고 묵상한 후 필사합니다.)

· 헛된 말을 하는 자들의 징표를 폐하며 점 치는 자들을 미치게 하며 지혜로운 자들을 물리쳐 그들의 지식을 어리석게 하며 (사 44:25)

· 디모데야 망령되고 헛된 말과 거짓된 지식의 반론을 피함으로 네게 부탁한 것을 지키라 (딤전 6:20)

✓ 말씀으로 드리는 고백기도

진리의 하나님, 진리만이 우리를 자유케 합니다. 참 자유의 길이 오직 주님께 있습니다. 헛된 길을 따라 인생을 망치지 않게 하소서. 하나님의 마음을 근심하게 하는 자가 되지 않게 하소서. 오늘도 주님의 음성에 귀를 기울입니다. 말씀하여 주소서.

✓ 하나님의 성품을 묵상하는 침묵기도 (말씀을 통해 발견한 하나님의 성품을 고백하며 기도합니다.)

✓ 회개와 감사 및 간구기도 (말씀으로 깨달은 회개의 내용과 중보의 제목으로 기도합니다.)

✓ 감사일기   일째

말씀묵상 및 필사 (반복해서 본문을 읽고 묵상한 후 필사합니다.)

· 나는 여호와로 말미암아 즐거워하며 나의 구원의 하나님으로 말미암아 기뻐하리로다 (합 3:18)

· 예수께서 그들에게 이르시되 혼인 집 손님들이 신랑과 함께 있을 때에 금식할 수 있느냐 신랑과 함께 있을 동안에는 금식할 수 없느니라 (막 2:19)

_____

_____

_____

_____

_____

_____

_____

_____

_____

✓ **말씀으로 드리는 고백기도**

　사망을 영원히 멸하신 하나님을 찬송합니다. 우리의 얼굴에서 눈물을 씻기시며 우리의 수치를 제거하신 주님을 찬양합니다. 영원한 천국 소망을 품고 마지막까지 주님만을 바라보게 하소서.

✓ **하나님의 성품을 묵상하는 침묵기도** (말씀을 통해 발견한 하나님의 성품을 고백하며 기도합니다.)

✓ **회개와 감사 및 간구기도** (말씀으로 깨달은 회개의 내용과 중보의 제목으로 기도합니다.)

✓ **감사일기**　　　일째

_____

_____

말씀묵상 및 필사 (반복해서 본문을 읽고 묵상한 후 필사합니다.)

· 내가 나의 행위를 아뢰매 주께서 내게 응답하셨사오니 주의 율례들을 내게 가르치소서
(시 119:26)

· 내 계명은 곧 내가 너희를 사랑한 것 같이 너희도 서로 사랑하라 하는 이것이니라 (요 15:12)

_____
_____
_____
_____
_____
_____
_____
_____
_____

✓ 말씀으로 드리는 고백기도

우리는 사랑 없이 하루도 살아갈 수 없습니다. 미움과 다툼이 있는 곳에 무질서와 황폐함이 있습니다. 우리를 하나님과 화목하게 하신 참된 사랑으로 서로를 사랑하고 살게 하소서. 성령님의 능력으로 사랑하게 하소서.

✓ 하나님의 성품을 묵상하는 침묵기도 (말씀을 통해 발견한 하나님의 성품을 고백하며 기도합니다.)

✓ 회개와 감사 및 간구기도 (말씀으로 깨달은 회개의 내용과 중보의 제목으로 기도합니다.)

✓ 감사일기   일째

_____
_____

✔ **한 주간의 영성훈련을 점검합니다.** (참여가 어려웠던 이유를 기록한 후 개선할 내용을 적어봅시다.)

☐ 1년 성경통독   ☐ 말씀묵상 및 필사   ☐ 침묵기도

☐ 감사와 회개의 기도   ☐ 감사일기   *열심히 참여 (○), 조금 부족 (△), 참여 못함 (×)

✔ **순례자의 노트를 작성하는 동안 가장 은혜로웠던 순간을 적어보세요.**

_____

_____

_____

_____

_____

_____

_____

_____

_____

_____

✔ (1인)   **가정예배**

· 사도신경   · 찬송 : 263장 (이 세상 험하고)

· 성경읽기 : 요한복음 11장 1-44절   · 기도 : 본인 또는 가족 중   · 주기도문

8. 18. (일)

✔ **주일설교 묵상**

_____

_____

_____

_____

_____

_____

말씀묵상 및 필사 (반복해서 본문을 읽고 묵상한 후 필사합니다.)

· 그가 내 길을 살피지 아니하시느냐 내 걸음을 다 세지 아니하시느냐 (욥 31:4)

· 이는 우리가 다 반드시 그리스도의 심판대 앞에 나타나게 되어 각각 선악간에 그 몸으로 행한 것을 따라 받으려 함이라 (고후 5:10)

_____

_____

_____

_____

_____

_____

_____

_____

_____

✓ 말씀으로 드리는 고백기도

주님, 오늘도 주님의 말씀을 기억합니다. 누구에게든지 악으로 갚지 않게 하시고 사람을 대할 때 항상 하나님의 선을 따르게 하소서. 인내하신 주님을 묵상합니다. 모든 억울함과 판단을 주님께 맡기는 믿음을 더하소서.

✓ 하나님의 성품을 묵상하는 침묵기도 (말씀을 통해 발견한 하나님의 성품을 고백하며 기도합니다.)

✓ 회개와 감사 및 간구기도 (말씀으로 깨달은 회개의 내용과 중보의 제목으로 기도합니다.)

✓ 감사일기   일째

_____

_____

말씀묵상 및 필사 (반복해서 본문을 읽고 묵상한 후 필사합니다.)

· 가서 예루살렘의 귀에 외칠지니라 여호와께서 이와 같이 말씀하시기를 내가 너를 위하여 네 청년 때의 인애와 네 신혼 때의 사랑을 기억하노니 곧 씨 뿌리지 못하는 땅, 그 광야에서 나를 따랐음이니라 (렘 2:2)

· 너는 장차 받을 고난을 두려워하지 말라 볼지어다 마귀가 장차 너희 가운데에서 몇 사람을 옥에 던져 시험을 받게 하리니 너희가 십 일 동안 환난을 받으리라 네가 죽도록 충성하라 그리하면 내가 생명의 관을 네게 주리라 (계 2:10)

_____
_____
_____
_____
_____
_____
_____

✓ 말씀으로 드리는 고백기도

광야와 같은 인생 길을 주님과 함께 동행하게 하시니 감사합니다. 끝까지 소망을 붙잡고 주님을 위해 살아가는 삶이 되게 하소서. 마지막 날, 하나님의 능력과 위엄을 보게 될 줄 믿습니다.

✓ 하나님의 성품을 묵상하는 침묵기도 (말씀을 통해 발견한 하나님의 성품을 고백하며 기도합니다.)

✓ 회개와 감사 및 간구기도 (말씀으로 깨달은 회개의 내용과 중보의 제목으로 기도합니다.)

✓ 감사일기   일째

_____
_____

말씀묵상 및 필사 (반복해서 본문을 읽고 묵상한 후 필사합니다.)

· 하늘이여 노래하라 땅이여 기뻐하라 산들이여 즐거이 노래하라 여호와께서 그의 백성을 위로
하셨은즉 그의 고난 당한 자를 긍휼히 여기실 것임이라 (사 49:13)

· 내가 이같이 쓴 것은 내가 갈 때에 마땅히 나를 기쁘게 할 자로부터 도리어 근심을 얻을까 염려
함이요 또 너희 모두에 대한 나의 기쁨이 너희 모두의 기쁨인 줄 확신함이로라 (고후 2:3)

_____

_____

_____

_____

_____

_____

_____

_____

✓ 말씀으로 드리는 고백기도

　우리의 기쁨이 그리스도를 나타내는 표지가 되게 하소서. 예수님과 함께 살아가는 삶이 참된 회
복과 기쁨이 되게 하소서. 이 모든 축복은 아버지의 일하심에 있음을 믿음으로 고백합니다. 성령
님, 기쁨을 주소서.

✓ 하나님의 성품을 묵상하는 침묵기도 (말씀을 통해 발견한 하나님의 성품을 고백하며 기도합니다.)

✓ 회개와 감사 및 간구기도 (말씀으로 깨달은 회개의 내용과 중보의 제목으로 기도합니다.)

✓ 감사일기　　일째

_____

_____

말씀묵상 및 필사 (반복해서 본문을 읽고 묵상한 후 필사합니다.)

· 보라 네가 알지 못하는 나라를 네가 부를 것이며 너를 알지 못하는 나라가 네게로 달려올 것은 여호와 네 하나님 곧 이스라엘의 거룩하신 이로 말미암음이니라 이는 그가 너를 영화롭게 하였느니라 (사 55:5)

· 내가 너희 가운데 거할 때에 약하고 두려워하고 심히 떨었노라 내 말과 내 전도함이 설득력 있는 지혜의 말로 하지 아니하고 다만 성령의 나타나심과 능력으로 하여 (고전 2:3-4)

_____

_____

_____

_____

_____

_____

_____

_____

✓ 말씀으로 드리는 고백기도

긍휼하신 주님, 우리는 여전히 나의 능력으로 해보려다 힘겨워 합니다. 주님과 함께 멍에를 메고 주님을 의지하는 삶이 되게 하소서. 모든 능력이 주님께 있습니다. 주님, 함께 하소서.

✓ 하나님의 성품을 묵상하는 침묵기도 (말씀을 통해 발견한 하나님의 성품을 고백하며 기도합니다.)

✓ 회개와 감사 및 간구기도 (말씀으로 깨달은 회개의 내용과 중보의 제목으로 기도합니다.)

✓ 감사일기   일째

_____

_____

말씀묵상 및 필사 (반복해서 본문을 읽고 묵상한 후 필사합니다.)

· 크게 외치라 목소리를 아끼지 말라 네 목소리를 나팔 같이 높여 내 백성에게 그들의 허물을, 야곱의 집에 그들의 죄를 알리라 (사 58:1)

· 우리는 미쁨이 없을지라도 주는 항상 미쁘시니 자기를 부인하실 수 없으시리라 (딤후 2:13)

✓ 말씀으로 드리는 고백기도

주님은 신실하십니다. 약속하신 구원을 반드시 이루시는 분입니다. 상한 영혼을 고치시고 불행 중에 있는 자에게 기쁜 날을 허락하시는 주님을 찬양합니다. 허물을 덮으시고 영혼을 소생시키시는 주님 앞에 기도하오니, 나를 새롭게 하옵소서.

✓ 하나님의 성품을 묵상하는 침묵기도 (말씀을 통해 발견한 하나님의 성품을 고백하며 기도합니다.)

✓ 회개와 감사 및 간구기도 (말씀으로 깨달은 회개의 내용과 중보의 제목으로 기도합니다.)

✓ 감사일기   일째

✓**한 주간의 영성훈련을 점검합니다.** (참여가 어려웠던 이유를 기록한 후 개선할 내용을 적어봅시다.)

▢ 1년 성경통독 ▢ 말씀묵상 및 필사 ▢ 침묵기도

▢ 감사와 회개의 기도 ▢ 감사일기 *열심히 참여 (○), 조금 부족 (△), 참여 못함 (×)

✓**순례자의 노트를 작성하는 동안 가장 은혜로웠던 순간을 적어보세요.**

___

✓(1인) **가정예배**

· 사도신경 · 찬송 : 79장 (주 하나님 지으신 모든 세계)

· 성경읽기 : 누가복음 16장 19-31절 · 기도 : 본인 또는 가족 중 · 주기도문

8. 25. (일)

✓**주일설교 묵상**

___

말씀묵상 및 필사 (반복해서 본문을 읽고 묵상한 후 필사합니다.)

· 나는 의로운 중에 주의 얼굴을 뵈오리니 깰 때에 주의 형상으로 만족하리이다 (시 17:15)

· 말씀이 육신이 되어 우리 가운데 거하시매 우리가 그의 영광을 보니 아버지의 독생자의 영광
이요 은혜와 진리가 충만하더라 (요 1:14)

_____

_____

_____

_____

_____

_____

_____

_____

_____

_____

✓ 말씀으로 드리는 고백기도

주님, 지식에 넘치는 그리스도의 사랑을 알게 하소서. 그 너비와 길이와 높이와 깊이를 깨달아
하나님의 모든 충만하심을 깨닫게 하소서. 삼위일체 하나님의 충만하심으로 우리를 충만케 하소
서. 성령님, 우리에게 기름을 부으소서.

✓ 하나님의 성품을 묵상하는 침묵기도 (말씀을 통해 발견한 하나님의 성품을 고백하며 기도합니다.)

✓ 회개와 감사 및 간구기도 (말씀으로 깨달은 회개의 내용과 중보의 제목으로 기도합니다.)

✓ 감사일기   일째

_____

_____

말씀묵상 및 필사 (반복해서 본문을 읽고 묵상한 후 필사합니다.)

· 너는 그들 때문에 두려워하지 말라 내가 너와 함께 하여 너를 구원하리라 나 여호와의 말이니라 하시고 (렘 1:8)

· 너희는 다시 무서워하는 종의 영을 받지 아니하고 양자의 영을 받았으므로 우리가 아빠 아버지라고 부르짖느니라 (롬 8:15)

___

✓ 말씀으로 드리는 고백기도

주님의 성실하심과 인자하심을 찬양합니다. 주님께서 나의 아버지가 되시고, 나는 주님 안에서 살아갑니다. 아버지의 사랑이 오늘도 나를 살아있게 합니다. 아버지의 능력을 힘입고 사는 자녀가 되게 하소서.

✓ 하나님의 성품을 묵상하는 침묵기도 (말씀을 통해 발견한 하나님의 성품을 고백하며 기도합니다.)

✓ 회개와 감사 및 간구기도 (말씀으로 깨달은 회개의 내용과 중보의 제목으로 기도합니다.)

✓ 감사일기   일째

말씀묵상 및 필사 (반복해서 본문을 읽고 묵상한 후 필사합니다.)

· 또 그의 아들 솔로몬에게 이르되 너는 강하고 담대하게 이 일을 행하라 두려워하지 말며 놀라
지 말라 네가 여호와의 성전 공사의 모든 일을 마치기까지 여호와 하나님 나의 하나님이 너와
함께 계시사 네게서 떠나지 아니하시고 너를 버리지 아니하시리라 (대상 28:20)

· 주께서 너희를 우리 주 예수 그리스도의 날에 책망할 것이 없는 자로 끝까지 견고하게 하시리
라 (고전 1:8)

✓ 말씀으로 드리는 고백기도

은혜가 풍성하신 하나님, 우리를 부르시고 영원한 영광에 들어가게 하신 일을 찬양합니다. 우리
를 친히 온전하게 하시고 굳건하게 하시며 강하게 하소서. 견고한 믿음의 터 위에서 성숙한 자녀
로 성장하게 하소서.

✓ 하나님의 성품을 묵상하는 침묵기도 (말씀을 통해 발견한 하나님의 성품을 고백하며 기도합니다.)

✓ 회개와 감사 및 간구기도 (말씀으로 깨달은 회개의 내용과 중보의 제목으로 기도합니다.)

✓ 감사일기   일째

말씀묵상 및 필사 (반복해서 본문을 읽고 묵상한 후 필사합니다.)

· 여호와의 지으심을 받고 그가 다스리시는 모든 곳에 있는 너희여 여호와를 송축하라 내 영혼
　아 여호와를 송축하라 (시 103:22)

· 그러므로 너희는 가서 모든 민족을 제자로 삼아 아버지와 아들과 성령의 이름으로 세례를 베
　풀고 (마 28:19)

_____

_____

_____

_____

_____

_____

_____

_____

✓ 말씀으로 드리는 고백기도

　복음을 전하는 일이 나의 기쁨이 되기를 원합니다. 오직 성령님을 의지하고 성령님의 충만하신
은혜로 복음의 비밀을 전하게 하소서. 주님의 약속하신 뜻이 이루어질 것을 믿습니다.

✓ 하나님의 성품을 묵상하는 침묵기도 (말씀을 통해 발견한 하나님의 성품을 고백하며 기도합니다.)

✓ 회개와 감사 및 간구기도 (말씀으로 깨달은 회개의 내용과 중보의 제목으로 기도합니다.)

✓ 감사일기　　일째

_____

_____

말씀묵상 및 필사 (반복해서 본문을 읽고 묵상한 후 필사합니다.)

· 여호와여 도우소서 경건한 자가 끊어지며 충실한 자들이 인생 중에 없어지나이다 (시 12:1)

· 생명으로 인도하는 문은 좁고 길이 협착하여 찾는 자가 적음이라 (마 7:14)

_____

_____

_____

_____

_____

_____

_____

_____

_____

✓ 말씀으로 드리는 고백기도

주님께서 명령하신 말씀을 기억합니다. 생명으로 인도하는 문이 좁은 것을 깨닫습니다. 우리의 연약함과 믿음 없음을 불쌍히 여겨 주소서. 세상에 기웃거리지 않고 끝까지 믿음을 지키게 하소서. 성령님, 우리와 함께 하소서.

✓ 하나님의 성품을 묵상하는 침묵기도 (말씀을 통해 발견한 하나님의 성품을 고백하며 기도합니다.)

✓ 회개와 감사 및 간구기도 (말씀으로 깨달은 회개의 내용과 중보의 제목으로 기도합니다.)

✓ 감사일기   일째

_____

_____

✔ **한 주간의 영성훈련을 점검합니다.** (참여가 어려웠던 이유를 기록한 후 개선할 내용을 적어봅시다.)

☐ 1년 성경통독   ☐ 말씀묵상 및 필사   ☐ 침묵기도

☐ 감사와 회개의 기도   ☐ 감사일기   *열심히 참여 (○), 조금 부족 (△), 참여 못함 (×)

✔ **순례자의 노트를 작성하는 동안 가장 은혜로웠던 순간을 적어보세요.**

_____

_____

_____

_____

_____

_____

_____

_____

_____

✔ **(1인)   가정예배**

· 사도신경   · 찬송 : 336장 (환난과 핍박 중에도)

· 성경읽기 : 누가복음 17장 32-33절 · 기도 : 본인 또는 가족 중   · 주기도문

9. 1. (일)

✔ **주일설교 묵상**

_____

_____

_____

_____

_____

성경 묵상을 통해 얻을 수 있는 유익 1

1. 성장

   말씀 묵상은 믿음을 자라게 합니다. 모든 그리스도인은 말씀으로 일하시는 하나님을 경험하며 성화되어 갑니다. 말씀으로 하나님에 대한 이해가 커지면 그분을 더욱 의지하게 되고 그분과 함께 하는 생명과 빛의 삶을 누리게 됩니다.

2. 그리스도를 닮아감

   그리스도인의 삶의 궁극적인 목적은 예수 그리스도를 닮는 것입니다. 말씀 안에서 창조주 하나님과 자신의 참 모습을 발견하고, 복음 안에서 삶의 통합을 이루어 가는 것이 가장 소중한 은혜입니다.

3. 복음 전파의 사명

   말씀을 통해 예수 그리스도의 삶을 깨닫게 되면 우리 안에 그분을 향한 사랑과 열망이 커져갑니다. 하나님이 기뻐하시는 십자가의 복음을 전하고자 하는 거룩한 사명이 생깁니다.

말씀묵상 및 필사 (반복해서 본문을 읽고 묵상한 후 필사합니다.)

· 주께서 이르시되 이 백성이 입으로는 나를 가까이 하며 입술로는 나를 공경하나 그들의 마음은 내게서 멀리 떠났나니 그들이 나를 경외함은 사람의 계명으로 가르침을 받았을 뿐이라 (사 29:13)

· 누구든지 하나님의 뜻대로 행하는 자가 내 형제요 자매요 어머니이니라 (막 3:35)

_____

_____

_____

_____

_____

_____

_____

_____

_____

✓ 말씀으로 드리는 고백기도

행함이 없는 믿음은 죽은 믿음이라는 말씀을 기억합니다. 나의 믿음을 돌아봅니다. 입술에만 머무는 것이 아니라 진실하고 성실한 믿음으로 주님을 섬기게 하소서. 오직 여호와를 의지하고 그의 뜻과 마음을 따라 살게 하소서.

✓ 하나님의 성품을 묵상하는 침묵기도 (말씀을 통해 발견한 하나님의 성품을 고백하며 기도합니다.)

✓ 회개와 감사 및 간구기도 (말씀으로 깨달은 회개의 내용과 중보의 제목으로 기도합니다.)

✓ 감사일기   일째

_____

_____

말씀묵상 및 필사 (반복해서 본문을 읽고 묵상한 후 필사합니다.)

· 속히 나를 도우소서 주 나의 구원이시여 (시 38:22)

· 믿음의 기도는 병든 자를 구원하리니 주께서 그를 일으키시리라 혹시 죄를 범하였을지라도 사하심을 받으리라 (약 5:15)

_____

_____

_____

_____

_____

_____

_____

_____

_____

_____

✓ 말씀으로 드리는 고백기도

기도하기를 쉬는 죄를 주님 앞에 결단코 범하지 않기를 원합니다. 우리는 기도하지 않아서 실패했습니다. 기도가 없어 낙심하고 포기했습니다. 이제 기도로 일어서게 하소서. 능력의 주님께 간구합니다. 성령님, 도우소서.

✓ 하나님의 성품을 묵상하는 침묵기도 (말씀을 통해 발견한 하나님의 성품을 고백하며 기도합니다.)

✓ 회개와 감사 및 간구기도 (말씀으로 깨달은 회개의 내용과 중보의 제목으로 기도합니다.)

✓ 감사일기   일째

_____

_____

말씀묵상 및 필사 (반복해서 본문을 읽고 묵상한 후 필사합니다.)

· 하나님이 자기와 말씀하시던 곳의 이름을 벧엘이라 불렀더라 (창 35:15)

· 그리스도는 하나님의 집을 맡은 아들로서 그와 같이 하셨으니 우리가 소망의 확신과 자랑을 끝까지 굳게 잡고 있으면 우리는 그의 집이라 (히 3:6)

_____

_____

_____

_____

_____

_____

_____

_____

_____

✓ 말씀으로 드리는 고백기도

　우리를 위해 천국의 처소를 준비하시겠다고 약속하신 주님, 우리는 예수님 때문에 하나님과 동행하고 천국을 소망하는 자들이 되었습니다. 우리 안에서 착한 일을 시작하신 주님께서 우리의 소망을 온전히 이루실 줄 믿습니다. 할렐루야.

✓ 하나님의 성품을 묵상하는 침묵기도 (말씀을 통해 발견한 하나님의 성품을 고백하며 기도합니다.)

✓ 회개와 감사 및 간구기도 (말씀으로 깨달은 회개의 내용과 중보의 제목으로 기도합니다.)

✓ 감사일기　　일째

_____

_____

말씀묵상 및 필사 (반복해서 본문을 읽고 묵상한 후 필사합니다.)

· 주들 중에 뛰어난 주께 감사하라 그 인자하심이 영원함이로다 홀로 큰 기이한 일들을 행하시는 이에게 감사하라 그 인자하심이 영원함이로다 (시 136:3-4)

· 온갖 좋은 은사와 온전한 선물이 다 위로부터 빛들의 아버지께로부터 내려오나니 그는 변함도 없으시고 회전하는 그림자도 없으시니라 (약 1:17)

✓ 말씀으로 드리는 고백기도

찬송합니다. 여호와 나의 하나님, 아버지의 인자하심과 선하심은 영원합니다. 우리에게 구원을 주시고 인자와 긍휼을 베푸시는 하나님을 찬양합니다. 주님의 인자하심을 의지하는 자들에게 위로부터 주시는 복을 허락하소서.

✓ 하나님의 성품을 묵상하는 침묵기도 (말씀을 통해 발견한 하나님의 성품을 고백하며 기도합니다.)

✓ 회개와 감사 및 간구기도 (말씀으로 깨달은 회개의 내용과 중보의 제목으로 기도합니다.)

✓ 감사일기   일째

말씀묵상 및 필사 (반복해서 본문을 읽고 묵상한 후 필사합니다.)

· 땅의 모든 사람들을 없는 것 같이 여기시며 하늘의 군대에게든지 땅의 사람에게든지 그는 자기 뜻대로 행하시나니 그의 손을 금하든지 혹시 이르기를 네가 무엇을 하느냐고 할 자가 아무도 없도다 (단 4:35)

· 우리는 십자가에 못 박힌 그리스도를 전하니 유대인에게는 거리끼는 것이요 이방인에게는 미련한 것이로되 오직 부르심을 받은 자들에게는 유대인이나 헬라인이나 그리스도는 하나님의 능력이요 하나님의 지혜니라 (고전 1:23-24)

_____

_____

_____

_____

_____

_____

✓ 말씀으로 드리는 고백기도

　내게 능력을 주시는 주님, 그리스도 안에서 모든 것을 할 수 있음을 믿습니다. 하나님을 의지하고 사람을 두려워하지 않게 하소서. 우리는 능력이 없으나 주님은 능력이 충만하십니다. 주님을 신뢰하는 자에게 주님의 역사를 이루실 줄 믿습니다.

✓ 하나님의 성품을 묵상하는 침묵기도 (말씀을 통해 발견한 하나님의 성품을 고백하며 기도합니다.)

✓ 회개와 감사 및 간구기도 (말씀으로 깨달은 회개의 내용과 중보의 제목으로 기도합니다.)

✓ 감사일기　　일째

_____

✔ **한 주간의 영성훈련을 점검합니다.** (참여가 어려웠던 이유를 기록한 후 개선할 내용을 적어봅시다.)

☐ 1년 성경통독   ☐ 말씀묵상 및 필사   ☐ 침묵기도

☐ 감사와 회개의 기도   ☐ 감사일기   *열심히 참여 (○), 조금 부족 (△), 참여 못함 (×)

✔ **순례자의 노트를 작성하는 동안 가장 은혜로웠던 순간을 적어보세요.**

_____

_____

_____

_____

_____

_____

_____

_____

_____

✔ (1인)   **가정예배**

· 사도신경   · 찬송 : 491장 (저 높은 곳을 향하여)

· 성경읽기 : 누가복음 18장 9-14절 · 기도 : 본인 또는 가족 중   · 주기도문

9. 8. (일)

✔ **주일설교 묵상**

_____

_____

_____

_____

_____

말씀묵상 및 필사 (반복해서 본문을 읽고 묵상한 후 필사합니다.)

· 어리석은 자는 그의 마음에 이르기를 하나님이 없다 하는도다 그들은 부패하고 그 행실이 가증하니 선을 행하는 자가 없도다 (시 14:1)

· 그러나 하나님께서 세상의 미련한 것들을 택하사 지혜 있는 자들을 부끄럽게 하려 하시고 세상의 약한 것들을 택하사 강한 것들을 부끄럽게 하려 하시며 (고전 1:27)

_____

_____

_____

_____

_____

_____

_____

_____

_____

✔ **말씀으로 드리는 고백기도**

　높은 사람이나 낮은 사람을 막론하고 여호와를 경외하는 자에게 복을 주시는 줄 믿습니다. 주님 앞에 겸손하고 순전하게 나아가는 자들을 인도하소서. 주님께서 일하시는 방법이 세상과 다름을 깨닫게 하소서.

✔ **하나님의 성품을 묵상하는 침묵기도** (말씀을 통해 발견한 하나님의 성품을 고백하며 기도합니다.)

✔ **회개와 감사 및 간구기도** (말씀으로 깨달은 회개의 내용과 중보의 제목으로 기도합니다.)

✔ **감사일기**　　일째

_____

_____

말씀묵상 및 필사 (반복해서 본문을 읽고 묵상한 후 필사합니다.)

· 여호와여 주의 분노로 나를 책망하지 마시오며 주의 진노로 나를 징계하지 마옵소서 (시 6:1)

· 그가 모든 사람을 대신하여 죽으심은 살아 있는 자들로 하여금 다시는 그들 자신을 위하여 살지 않고 오직 그들을 대신하여 죽었다가 다시 살아나신 이를 위하여 살게 하려 함이라 (고후 5:15)

✓ 말씀으로 드리는 고백기도

긍휼하신 하나님, 죄를 알지도 못하신 예수 그리스도를 우리를 대신해 죄로 삼으셨습니다. 그 안에서 우리를 하나님의 의가 되게 하신 주님의 은혜를 찬양합니다. 오늘도 주님의 공로를 힘입어 하나님께 나아갑니다. 우리를 새롭게 하소서.

✓ 하나님의 성품을 묵상하는 침묵기도 (말씀을 통해 발견한 하나님의 성품을 고백하며 기도합니다.)

✓ 회개와 감사 및 간구기도 (말씀으로 깨달은 회개의 내용과 중보의 제목으로 기도합니다.)

✓ 감사일기   일째

말씀묵상 및 필사 (반복해서 본문을 읽고 묵상한 후 필사합니다.)

· 흑암에 행하던 백성이 큰 빛을 보고 사망의 그늘진 땅에 거주하던 자에게 빛이 비치도다
 (사 9:2)

· 너희가 전에는 어둠이더니 이제는 주 안에서 빛이라 빛의 자녀들처럼 행하라 (엡 5:8)

_____

_____

_____

_____

_____

_____

_____

_____

_____

_____

✓ 말씀으로 드리는 고백기도

　예수 그리스도께서 우리를 흑암의 권세에서 건져내셨습니다. 할렐루야. 주님으로 인해 우리의 삶이 빛으로 옮겨졌음을 믿습니다. 어두운 이 세상에서 빛의 자녀로 살게 하소서. 사랑 없는 세상에 주님의 사랑을 나타내게 하소서.

✓ 하나님의 성품을 묵상하는 침묵기도 (말씀을 통해 발견한 하나님의 성품을 고백하며 기도합니다.)

✓ 회개와 감사 및 간구기도 (말씀으로 깨달은 회개의 내용과 중보의 제목으로 기도합니다.)

✓ 감사일기   일째

_____

_____

말씀묵상 및 필사 (반복해서 본문을 읽고 묵상한 후 필사합니다.)

· 내가 대회 중에서 주께 감사하며 많은 백성 중에서 주를 찬송하리이다 (시 35:18)

· 이같이 너희 빛이 사람 앞에 비치게 하여 그들로 너희 착한 행실을 보고 하늘에 계신 너희 아버지께 영광을 돌리게 하라 (마 5:16)

_____

_____

_____

_____

_____

_____

_____

_____

_____

_____

✓ 말씀으로 드리는 고백기도

주님의 선함과 인자하심을 닮아가게 하소서. 빛의 자녀로 진리 아닌 것과 타협하지 않게 하시고 오직 주님의 성품으로 승리하게 하소서. 성령님의 도우심을 구합니다. 우리를 성령으로 새롭게 하소서.

✓ 하나님의 성품을 묵상하는 침묵기도 (말씀을 통해 발견한 하나님의 성품을 고백하며 기도합니다.)

✓ 회개와 감사 및 간구기도 (말씀으로 깨달은 회개의 내용과 중보의 제목으로 기도합니다.)

✓ 감사일기   일째

_____

_____

말씀묵상 및 필사 (반복해서 본문을 읽고 묵상한 후 필사합니다.)

· 내가 그들에게 한 마음을 주고 그 속에 새 영을 주며 그 몸에서 돌 같은 마음을 제거하고 살처럼 부드러운 마음을 주어 내 율례를 따르며 내 규례를 지켜 행하게 하리니 그들은 내 백성이 되고 나는 그들의 하나님이 되리라 (겔 11:19-20)

· 너희가 진리를 순종함으로 너희 영혼을 깨끗하게 하여 거짓이 없이 형제를 사랑하기에 이르렀으니 마음으로 뜨겁게 서로 사랑하라 (벧전 1:22)

_____

_____

_____

_____

_____

_____

_____

✓ 말씀으로 드리는 고백기도

주님, 주님의 공동체에 충만한 사랑을 주소서. 사랑이 없이 하루도 살아갈 수 없습니다. 사랑은 오직 사랑이신 하나님으로부터 온다는 것을 믿습니다. 하나님의 사랑으로 한 분 하나님을 섬기게 하시고 성령님의 능력으로 살아가게 하소서.

✓ 하나님의 성품을 묵상하는 침묵기도 (말씀을 통해 발견한 하나님의 성품을 고백하며 기도합니다.)

✓ 회개와 감사 및 간구기도 (말씀으로 깨달은 회개의 내용과 중보의 제목으로 기도합니다.)

✓ 감사일기   일째

_____

_____

✓ **한 주간의 영성훈련을 점검합니다.** (참여가 어려웠던 이유를 기록한 후 개선할 내용을 적어봅시다.)

[　] 1년 성경통독　　　[　] 말씀묵상 및 필사　　　[　] 침묵기도

[　] 감사와 회개의 기도　[　] 감사일기　　　*열심히 참여 (○), 조금 부족 (△), 참여 못함 (×)

✓ **순례자의 노트를 작성하는 동안 가장 은혜로웠던 순간을 적어보세요.**

_____

_____

_____

_____

_____

_____

_____

_____

_____

✓ **(1인)　가정예배**

· 사도신경　　　　　　　· 찬송 : 446장 (주 음성 외에는)

· 성경읽기 : 누가복음 18장 35-43절 · 기도 : 본인 또는 가족 중　　　· 주기도문

9. 15. (일)

✓ **주일설교 묵상**

_____

_____

_____

_____

_____

말씀묵상 및 필사 (반복해서 본문을 읽고 묵상한 후 필사합니다.)

· 그는 공의와 정의를 사랑하심이여 세상에는 여호와의 인자하심이 충만하도다 (시 33:5)

· 우리 주 예수 그리스도의 은혜를 너희가 알거니와 부요하신 이로서 너희를 위하여 가난하게
  되심은 그의 가난함으로 말미암아 너희를 부요하게 하려 하심이라 (고후 8:9)

_____

_____

_____

_____

_____

_____

_____

_____

_____

_____

✓ 말씀으로 드리는 고백기도

  그리스도께서 모든 사람의 주님이 되시기 위해 이 땅에 오셨습니다. 주님의 이름을 부르는 자는
그 안에서 부요하게 됨을 믿습니다. 주님만이 구원을 이루십니다. 오늘도 입술로 고백하며 나아갑
니다. 풍성한 복을 허락하소서.

✓ 하나님의 성품을 묵상하는 침묵기도 (말씀을 통해 발견한 하나님의 성품을 고백하며 기도합니다.)

✓ 회개와 감사 및 간구기도 (말씀으로 깨달은 회개의 내용과 중보의 제목으로 기도합니다.)

✓ 감사일기   일째

_____

_____

말씀묵상 및 필사 (반복해서 본문을 읽고 묵상한 후 필사합니다.)

· 노아가 그와 같이 하여 하나님이 자기에게 명하신 대로 다 준행하였더라 (창 6:22)

· 너희는 유혹의 욕심을 따라 썩어져 가는 구습을 따르는 옛 사람을 벗어 버리고 오직 너희의 심령이 새롭게 되어 (엡 4:22-23)

_____

_____

_____

_____

_____

_____

_____

_____

_____

_____

✓ 말씀으로 드리는 고백기도

주님, 내 눈을 돌이켜 허탄한 것을 보지 않게 하소서. 오늘도 주님의 길에서 살아가게 하소서. 주님 앞에 순종이 기쁨이 되고, 행함이 즐거움이 되게 하소서. 주님의 영광을 보기 원합니다.

✓ 하나님의 성품을 묵상하는 침묵기도 (말씀을 통해 발견한 하나님의 성품을 고백하며 기도합니다.)

✓ 회개와 감사 및 간구기도 (말씀으로 깨달은 회개의 내용과 중보의 제목으로 기도합니다.)

✓ 감사일기   일째

_____

_____

말씀묵상 및 필사 (반복해서 본문을 읽고 묵상한 후 필사합니다.)

· 여호와의 천사가 주를 경외하는 자를 둘러 진 치고 그들을 건지시는도다 (시 34:7)

· 홀연히 주의 사자가 나타나매 옥중에 광채가 빛나며 또 베드로의 옆구리를 쳐 깨워 이르되 급히 일어나라 하니 쇠사슬이 그 손에서 벗어지더라 (행 12:7)

_____

_____

_____

_____

_____

_____

_____

_____

_____

_____

✓ 말씀으로 드리는 고백기도

택하신 자녀들을 귀히 여기시는 하나님, 그 사랑을 잊을 때가 많음을 고백합니다. 주님의 돌보심을 깨달아 알게 하소서. 모든 천사를 섬기는 영으로 보내시고 주님의 날개 아래에서 우리를 살게 하심을 찬양합니다. 할렐루야.

✓ 하나님의 성품을 묵상하는 침묵기도 (말씀을 통해 발견한 하나님의 성품을 고백하며 기도합니다.)

✓ 회개와 감사 및 간구기도 (말씀으로 깨달은 회개의 내용과 중보의 제목으로 기도합니다.)

✓ 감사일기   일째

_____

_____

말씀묵상 및 필사 (반복해서 본문을 읽고 묵상한 후 필사합니다.)

· 여호와여 주께서 심판하시는 길에서 우리가 주를 기다렸사오며 주의 이름을 위하여 또 주를 기억하려고 우리 영혼이 사모하나이다 (사 26:8)

· 우리가 판단을 받는 것은 주께 징계를 받는 것이니 이는 우리로 세상과 함께 정죄함을 받지 않게 하려 하심이라 (고전 11:32)

_____

_____

_____

_____

_____

_____

_____

_____

_____

✓ 말씀으로 드리는 고백기도

우리를 고아와 같이 버려두지 않으시고 예수 그리스도의 구속의 은혜에 참여하게 하신 하나님을 찬양합니다. 그리스도의 십자가를 기억합니다. 우리가 당한 고난과 어려움이 잠시 동안임을 믿습니다. 주님만 바라보는 시간이 되게 하소서. 성령님, 끝까지 우리와 함께 하소서.

✓ 하나님의 성품을 묵상하는 침묵기도 (말씀을 통해 발견한 하나님의 성품을 고백하며 기도합니다.)

✓ 회개와 감사 및 간구기도 (말씀으로 깨달은 회개의 내용과 중보의 제목으로 기도합니다.)

✓ 감사일기   일째

_____

_____

말씀묵상 및 필사 (반복해서 본문을 읽고 묵상한 후 필사합니다.)

· 하나님께 가까이 함이 내게 복이라 내가 주 여호와를 나의 피난처로 삼아 주의 모든 행적을 전
  파하리이다 (시 73:28)

· 집사의 직분을 잘한 자들은 아름다운 지위와 그리스도 예수 안에 있는 믿음에 큰 담력을 얻느
  니라 (딤전 3:13)

_____

_____

_____

_____

_____

_____

_____

_____

_____

✓ 말씀으로 드리는 고백기도

　주님, 이 땅에 살아가며 주님이 맡기신 사명을 감당하게 하소서. 주님의 사역에 동참할 때 우리
의 믿음이 자라게 하소서. 나의 능력이 아니라 주님의 능력으로 주님의 나라를 위해 일하기를 원
합니다. 주님께서 주실 상급을 바라봅니다. 주님, 함께 하소서.

✓ 하나님의 성품을 묵상하는 침묵기도 (말씀을 통해 발견한 하나님의 성품을 고백하며 기도합니다.)

✓ 회개와 감사 및 간구기도 (말씀으로 깨달은 회개의 내용과 중보의 제목으로 기도합니다.)

✓ 감사일기　　일째

_____

_____

✔ **한 주간의 영성훈련을 점검합니다.** (참여가 어려웠던 이유를 기록한 후 개선할 내용을 적어봅시다.)

☐ 1년 성경통독   ☐ 말씀묵상 및 필사   ☐ 침묵기도

☐ 감사와 회개의 기도   ☐ 감사일기   *열심히 참여 (○), 조금 부족 (△), 참여 못함 (×)

✔ **순례자의 노트를 작성하는 동안 가장 은혜로웠던 순간을 적어보세요.**

_____

_____

_____

_____

_____

_____

_____

_____

_____

✔ (1인)   **가정예배**

· 사도신경   · 찬송 : 405장 (주의 친절한 팔에 안기세)

· 성경읽기 : 누가복음 19장 1-9절   · 기도 : 본인 또는 가족 중   · 주기도문

9. 22. (일)

✔ **주일설교 묵상**

_____

_____

_____

_____

_____

말씀묵상 및 필사 (반복해서 본문을 읽고 묵상한 후 필사합니다.)

· 이스라엘을 지키시는 이는 졸지도 아니하시고 주무시지도 아니하시리로다 (시 121:4)

· 밤이 깊고 낮이 가까웠으니 그러므로 우리가 어둠의 일을 벗고 빛의 갑옷을 입자 (롬 13:12)

_____

_____

_____

_____

_____

_____

_____

_____

_____

_____

_____

✔ 말씀으로 드리는 고백기도

　빛이신 하나님, 예수 그리스도를 통해 하나님의 영광을 아는 빛을 우리 마음에 비추셨습니다. 어둡고 미래가 암담한 시대에 하나님의 빛을 바라보며 소망하는 눈을 주시니 감사합니다. 하나님 나라를 더욱 밝히 보게 하시니 감사합니다. 성령님, 오늘도 거룩한 영으로 우리를 비추소서.

✔ 하나님의 성품을 묵상하는 침묵기도 (말씀을 통해 발견한 하나님의 성품을 고백하며 기도합니다.)

✔ 회개와 감사 및 간구기도 (말씀으로 깨달은 회개의 내용과 중보의 제목으로 기도합니다.)

✔ 감사일기　　일째

_____

_____

말씀묵상 및 필사 (반복해서 본문을 읽고 묵상한 후 필사합니다.)

· 여호와여 내 혀의 말을 알지 못하시는 것이 하나도 없으시니이다 (시 139:4)

· 이와 같이 선행도 밝히 드러나고 그렇지 아니한 것도 숨길 수 없느니라 (딤전 5:25)

_____

_____

_____

_____

_____

_____

_____

_____

_____

✓ 말씀으로 드리는 고백기도

  긍휼하신 하나님, 우리의 모든 허물과 죄악을 결코 숨길 수 없음을 깨닫습니다. 스스로는 결코 해결할 수 없는 우리의 연약함을 아시는 주님, 주님께 엎드려 기도합니다. 주님께서 우리를 다스려 주소서. 주님이 기뻐하시는 아름답고 선한 일들을 하게 하소서. 주님, 순종하겠습니다.

✓ 하나님의 성품을 묵상하는 침묵기도 (말씀을 통해 발견한 하나님의 성품을 고백하며 기도합니다.)

✓ 회개와 감사 및 간구기도 (말씀으로 깨달은 회개의 내용과 중보의 제목으로 기도합니다.)

✓ 감사일기   일째

_____

_____

말씀묵상 및 필사 (반복해서 본문을 읽고 묵상한 후 필사합니다.)

· 여호와의 인자하심은 자기를 경외하는 자에게 영원부터 영원까지 이르며 그의 의는 자손
  의 자손에게 이르리니 곧 그의 언약을 지키고 그의 법도를 기억하여 행하는 자에게로다
  (시 103:17-18)

· 만일 너희가 믿음에 거하고 터 위에 굳게 서서 너희 들은 바 복음의 소망에서 흔들리지 아니
  하면 그리하리라 이 복음은 천하 만민에게 전파된 바요 나 바울은 이 복음의 일꾼이 되었노라
  (골 1:23)

_____

_____

_____

_____

_____

_____

_____

_____

✓ 말씀으로 드리는 고백기도

　말씀이 반석이 되어 믿음으로 주님을 부르게 하시니 감사합니다. 복음의 은혜 안에 살며 주님의
약속된 축복을 누립니다. 주님의 성실하심과 인자하심을 닮아 복음을 전하는 자들이 되게 하소서.
주님을 향한 뜨거운 사랑이 일어나게 하소서.

✓ 하나님의 성품을 묵상하는 침묵기도 (말씀을 통해 발견한 하나님의 성품을 고백하며 기도합니다.)

✓ 회개와 감사 및 간구기도 (말씀으로 깨달은 회개의 내용과 중보의 제목으로 기도합니다.)

✓ 감사일기　　일째

_____

_____

말씀묵상 및 필사 (반복해서 본문을 읽고 묵상한 후 필사합니다.)

· 우리의 연수가 칠십이요 강건하면 팔십이라도 그 연수의 자랑은 수고와 슬픔뿐이요 신속히 가니 우리가 날아가나이다 (시 90:10)

· 주께서 나를 모든 악한 일에서 건져내시고 또 그의 천국에 들어가도록 구원하시리니 그에게 영광이 세세무궁토록 있을지어다 아멘 (딤후 4:18)

_____
_____
_____
_____
_____
_____
_____
_____

✓ 말씀으로 드리는 고백기도

주님, 내 아버지 집에 주님께서 준비하신 거처가 많음을 믿습니다. 이 소망을 가지고 오늘을 진실하게 살아가게 하소서. 천국을 바라보며 삽니다. 겉사람이 아닌 속사람이 날로 새로워지는 은혜를 주소서. 성령님, 오늘도 새롭게 하소서.

✓ 하나님의 성품을 묵상하는 침묵기도 (말씀을 통해 발견한 하나님의 성품을 고백하며 기도합니다.)

✓ 회개와 감사 및 간구기도 (말씀으로 깨달은 회개의 내용과 중보의 제목으로 기도합니다.)

✓ 감사일기   일째

_____
_____

말씀묵상 및 필사 (반복해서 본문을 읽고 묵상한 후 필사합니다.)

· 진실로 그의 구원이 그를 경외하는 자에게 가까우니 영광이 우리 땅에 머무르리이다 인애와 진리가 같이 만나고 의와 화평이 서로 입맞추었으며 (시 85:9-10)

· 그러므로 사랑하는 자들아 너희가 이것을 바라보나니 주 앞에서 점도 없고 흠도 없이 평강 가운데서 나타나기를 힘쓰라 (벧후 3:14)

_____

_____

_____

_____

_____

_____

_____

_____

_____

✓ 말씀으로 드리는 고백기도

거룩하고 완전하신 하나님, 주님의 말씀으로 순결하게 되기를 원합니다. 진리와 사랑과 정의가 없는 세상에서 우리가 붙든 주님의 말씀을 통해 거룩하게 되기를 소원합니다. 거룩한 자로 세우소서. 진리의 증거자로 서게 하소서.

✓ 하나님의 성품을 묵상하는 침묵기도 (말씀을 통해 발견한 하나님의 성품을 고백하며 기도합니다.)

✓ 회개와 감사 및 간구기도 (말씀으로 깨달은 회개의 내용과 중보의 제목으로 기도합니다.)

✓ 감사일기   일째

_____

_____

✔ 한 주간의 영성훈련을 점검합니다. (참여가 어려웠던 이유를 기록한 후 개선할 내용을 적어봅시다.)

☐ 1년 성경통독 ☐ 말씀묵상 및 필사 ☐ 침묵기도

☐ 감사와 회개의 기도 ☐ 감사일기 *열심히 참여 (○), 조금 부족 (△), 참여 못함 (×)

✔ 순례자의 노트를 작성하는 동안 가장 은혜로웠던 순간을 적어보세요.

_____
_____
_____
_____
_____
_____
_____
_____

✔ (1인) **가정예배**

· 사도신경 · 찬송 : 199장 (나의 사랑하는 책)

· 성경읽기 : 누가복음 19장 11-27절 · 기도 : 본인 또는 가족 중 · 주기도문

9. 29. (일)

✔ 주일설교 묵상

_____
_____
_____
_____
_____

말씀묵상 및 필사 (반복해서 본문을 읽고 묵상한 후 필사합니다.)

· 여호와는 살아 계시니 나의 반석을 찬송하며 내 구원의 하나님을 높일지로다 (시 18:46)

· 사람에게는 버린 바가 되었으나 하나님께는 택하심을 입은 보배로운 산 돌이신 예수께 나아가
  (벧전 2:4)

_____

_____

_____

_____

_____

_____

_____

_____

_____

_____

✓ 말씀으로 드리는 고백기도

　살아계신 하나님, 주님은 살아 계시고 지금도 역사를 주관하십니다. 담대히 세상의 방법을 뒤로 하고 이 땅에서 구별된 자로 살아가게 하소서. 구원의 하나님, 나의 삶을 통해 일하소서. 주님의 도구가 되길 원합니다.

✓ 하나님의 성품을 묵상하는 침묵기도 (말씀을 통해 발견한 하나님의 성품을 고백하며 기도합니다.)

✓ 회개와 감사 및 간구기도 (말씀으로 깨달은 회개의 내용과 중보의 제목으로 기도합니다.)

✓ 감사일기　　　일째

_____

_____

Oct.

성경 묵상을 통해 얻을 수 있는 유익 2

4. 평안

말씀은 우리의 내면을 하나님께로 향하게 합니다. 우리를 불안하게 하는 요소들을 하늘의 시각으로 바라보게 하며, 살아계신 하나님의 음성으로 참된 평안을 누리게 합니다.

5. 변화

말씀은 우리의 생각과 마음을 올바른 방향, 아름답고 선한 하나님의 뜻으로 인도합니다. 더 나아가 생각에 머물지 않고 우리 삶 속의 행동을 구체적으로 변화시킵니다.

6. 지혜

말씀은 아무리 복잡하고 급하게 변화하는 세상 속에서도 참된 지식과 지혜가 됩니다. 하나님의 말씀은 시대와 역사를 초월하는 진리입니다. 묵상은 우리를 지혜로운 자가 되도록 이끌어 줍니다.

7. 축복

말씀을 읽고 따라 살면 하나님의 복을 누릴 수 있습니다. 복있는 사람은 말씀을 통해 즐거워하며 하나님의 신령한 은혜를 누리는 자입니다.

말씀묵상 및 필사 (반복해서 본문을 읽고 묵상한 후 필사합니다.)

· 내가 산 자들의 땅에서 여호와의 선하심을 보게 될 줄 확실히 믿었도다 (시 27:13)

· 이르시되 내가 은혜 베풀 때에 너에게 듣고 구원의 날에 너를 도왔다 하셨으니 보라 지금은 은혜 받을 만한 때요 보라 지금은 구원의 날이로다 (고후 6:2)

_____

_____

_____

_____

_____

_____

_____

_____

_____

_____

✓ 말씀으로 드리는 고백기도

성령 하나님, 주님을 사모하는 강한 열망을 주소서. 주님의 마음과 주님의 일하시는 방법을 끝까지 따라가는 열정을 주소서. 오늘도 주님의 은혜로 살기를 원합니다. 주님의 선하심과 인자하심으로 우리를 돌보소서.

✓ 하나님의 성품을 묵상하는 침묵기도 (말씀을 통해 발견한 하나님의 성품을 고백하며 기도합니다.)

✓ 회개와 감사 및 간구기도 (말씀으로 깨달은 회개의 내용과 중보의 제목으로 기도합니다.)

✓ 감사일기   일째

_____

_____

말씀묵상 및 필사 (반복해서 본문을 읽고 묵상한 후 필사합니다.)

· 주 여호와의 영이 내게 내리셨으니 이는 여호와께서 내게 기름을 부으사 가난한 자에게 아름
다운 소식을 전하게 하려 하심이라 나를 보내사 마음이 상한 자를 고치며 포로된 자에게 자유
를, 갇힌 자에게 놓임을 선포하며 여호와의 은혜의 해와 우리 하나님의 보복의 날을 선포하여
모든 슬픈 자를 위로하되 (사 61:1-2)

· 예수께서 그 자라나신 곳 나사렛에 이르사 안식일에 늘 하시던 대로 회당에 들어가사 성경을
읽으려고 서시매 이에 예수께서 그들에게 말씀하시되 이 글이 오늘 너희 귀에 응하였느니라
하시니 (눅 4:16,21)

✓ 말씀으로 드리는 고백기도

구원의 약속을 이루시기 위해 이 땅에 육신으로 오신 하나님, 예수 그리스도를 찬양합니다. 예수
님은 하나님의 말씀 그 자체임을 믿음으로 고백합니다. 진리와 생명 안에서 자유와 해방을 맛보게
하소서. 하나님의 크신 위로를 기다립니다.

✓ 하나님의 성품을 묵상하는 침묵기도 (말씀을 통해 발견한 하나님의 성품을 고백하며 기도합니다.)

✓ 회개와 감사 및 간구기도 (말씀으로 깨달은 회개의 내용과 중보의 제목으로 기도합니다.)

✓ 감사일기   일째

말씀묵상 및 필사 (반복해서 본문을 읽고 묵상한 후 필사합니다.)

· 내가 말하기를 여호와여 내게 은혜를 베푸소서 내가 주께 범죄하였사오니 나를 고치소서 하였
  나이다 (시 41:4)

· 사람들이 한 중풍병자를 네 사람에게 메워 가지고 예수께로 올새 예수께서 그들의 믿음을 보
  시고 중풍병자에게 이르시되 작은 자야 네 죄 사함을 받았느니라 하시니 (막 2:3,5)

_____

_____

_____

_____

_____

_____

_____

_____

_____

_____

✓ 말씀으로 드리는 고백기도

　긍휼하신 주님, 죄사함이 먼저임을 고백합니다. 나의 욕망과 기대로 주님 앞에 나아갔던 우리를
용서하소서. 나의 실체를 보기를 원합니다. 괴롭고 힘들더라도 주님 앞에 내어 놓게 하소서. 성령
님, 도와주소서.

✓ 하나님의 성품을 묵상하는 침묵기도 (말씀을 통해 발견한 하나님의 성품을 고백하며 기도합니다.)

✓ 회개와 감사 및 간구기도 (말씀으로 깨달은 회개의 내용과 중보의 제목으로 기도합니다.)

✓ 감사일기　　　일째

_____

_____

말씀묵상 및 필사 (반복해서 본문을 읽고 묵상한 후 필사합니다.)

· 간수장은 그의 손에 맡긴 것을 무엇이든지 살펴보지 아니하였으니 이는 여호와께서 요셉과 함께 하심이라 여호와께서 그를 범사에 형통하게 하셨더라 (창 39:23)

· 나는 심었고 아볼로는 물을 주었으되 오직 하나님께서 자라나게 하셨나니 (고전 3:6)

_____

_____

_____

_____

_____

_____

_____

_____

_____

_____

✓ 말씀으로 드리는 고백기도

전능하신 하나님, 주님의 섭리적 은혜를 기다립니다. 오늘 주님의 기쁨이 되기 위해 달려갑니다. 보이지 않는 곳에서 일하시는 하나님의 손길을 만나게 하소서. 모든 일의 시작과 끝이 아버지의 인도하심 안에서 이루어지게 하소서.

✓ 하나님의 성품을 묵상하는 침묵기도 (말씀을 통해 발견한 하나님의 성품을 고백하며 기도합니다.)

✓ 회개와 감사 및 간구기도 (말씀으로 깨달은 회개의 내용과 중보의 제목으로 기도합니다.)

✓ 감사일기   **일째**

_____

_____

✔ **한 주간의 영성훈련을 점검합니다.** (참여가 어려웠던 이유를 기록한 후 개선할 내용을 적어봅시다.)

☐ 1년 성경통독　　☐ 말씀묵상 및 필사　　☐ 침묵기도
☐ 감사와 회개의 기도　☐ 감사일기　　*열심히 참여 (○), 조금 부족 (△), 참여 못함 (×)

✔ **순례자의 노트를 작성하는 동안 가장 은혜로웠던 순간을 적어보세요.**

_____
_____
_____
_____
_____
_____
_____
_____
_____

✔ (1인)　**가정예배**

· 사도신경　　　　　· 찬송 : 86장 (내가 늘 의지하는 예수)
· 성경읽기 : 마가복음 14장 1-11절　· 기도 : 본인 또는 가족 중　　· 주기도문

10. 6. (일)

✔ **주일설교 묵상**

_____
_____
_____
_____
_____

말씀묵상 및 필사 (반복해서 본문을 읽고 묵상한 후 필사합니다.)

· 여호와께서 그의 구원을 알게 하시며 그의 공의를 뭇 나라의 목전에서 명백히 나타내셨도다
  (시 98:2)

· 그런즉 하나님의 이 구원이 이방인에게로 보내어진 줄 알라 그들은 그것을 들으리라 하더라
  (행 28:28)

_____

_____

_____

_____

_____

_____

_____

_____

_____

✓ 말씀으로 드리는 고백기도
 구원의 언약에 신실하신 주님, 모든 민족이 믿음으로 의에 이르는 길을 성경에 약속하셨습니다. 하나님의 구원의 계획 속에 내가 있음을 믿습니다. 가늠할 수 조차 없는 광대하신 하나님의 구원의 역사를 믿음으로 바라봅니다. 오늘도 복의 통로가 되게 하소서.

✓ 하나님의 성품을 묵상하는 침묵기도 (말씀을 통해 발견한 하나님의 성품을 고백하며 기도합니다.)

✓ 회개와 감사 및 간구기도 (말씀으로 깨달은 회개의 내용과 중보의 제목으로 기도합니다.)

✓ 감사일기   일째

_____

_____

말씀묵상 및 필사 (반복해서 본문을 읽고 묵상한 후 필사합니다.)

· 너희는 바벨론에서 나와서 갈대아인을 피하고 즐거운 소리로 이를 알게 하여 들려 주며 땅 끝까지 반포하여 이르기를 여호와께서 그의 종 야곱을 구속하셨다 하라 (사 48:20)

· 아버지께서는 모든 충만으로 예수 안에 거하게 하시고 그의 십자가의 피로 화평을 이루사 만물 곧 땅에 있는 것들이나 하늘에 있는 것들이 그로 말미암아 자기와 화목하게 되기를 기뻐하심이라 (골 1:19-20)

_____
_____
_____
_____
_____
_____
_____
_____

✓ 말씀으로 드리는 고백기도

우리를 위한 화목제물이 되신 주님, 우리만이 아니라 온 세상의 죄를 위해 십자가를 지셨습니다. 구원을 향한 하나님의 계획은 광대하십니다. 오직 주님만이 온 세상을 구원하실 수 있습니다. 우리의 마음을 넓히시고 영적인 눈을 열어주옵소서.

✓ 하나님의 성품을 묵상하는 침묵기도 (말씀을 통해 발견한 하나님의 성품을 고백하며 기도합니다.)

✓ 회개와 감사 및 간구기도 (말씀으로 깨달은 회개의 내용과 중보의 제목으로 기도합니다.)

✓ 감사일기   일째

_____
_____

말씀묵상 및 필사 (반복해서 본문을 읽고 묵상한 후 필사합니다.)

· 네가 네 하나님 여호와의 말씀을 삼가 듣고 내가 오늘 네게 명령하는 그의 모든 명령을 지켜 행하면 네 하나님 여호와께서 너를 세계 모든 민족 위에 뛰어나게 하실 것이라 네가 들어와도 복을 받고 나가도 복을 받을 것이니라 (신 28:1,6)

· 또 이르시되 들을 귀 있는 자는 들으라 하시니라 (막 4:9)

✓ 말씀으로 드리는 고백기도

말씀이신 주님, 지금도 살아계신 주님의 음성에 귀를 기울입니다. 말씀하소서 듣겠습니다. 주님의 계명과 규례와 교훈 앞에 순종하게 하시고 주님의 복을 누리는 자가 되게 하소서. 귀를 닫고 하나님을 멀리하는 어리석은 자가 되지 않게 하소서. 성령님, 우리와 함께 하소서.

✓ 하나님의 성품을 묵상하는 침묵기도 (말씀을 통해 발견한 하나님의 성품을 고백하며 기도합니다.)

✓ 회개와 감사 및 간구기도 (말씀으로 깨달은 회개의 내용과 중보의 제목으로 기도합니다.)

✓ 감사일기   일째

말씀묵상 및 필사 (반복해서 본문을 읽고 묵상한 후 필사합니다.)

· 이 때에 모세와 이스라엘 자손이 이 노래로 여호와께 노래하니 일렀으되 내가 여호와를 찬송
하리니 그는 높고 영화로우심이요 말과 그 탄 자를 바다에 던지셨음이로다 (출 15:1)

· 그 기쁘신 뜻대로 우리를 예정하사 예수 그리스도로 말미암아 자기의 아들들이 되게 하셨으니
이는 그가 사랑하시는 자 안에서 우리에게 거저 주시는 바 그의 은혜의 영광을 찬송하게 하려
는 것이라 (엡 1:5-6)

✓ 말씀으로 드리는 고백기도

주님을 찬양합니다. 구원을 이루시고 하나님과 화평하게 하시고 죄의 굴레에서 자유하게 하신
주님을 찬양합니다. 영원토록 우리와 함께 하소서. 우리의 인생에 날마다 새로움을 더하소서.

✓ 하나님의 성품을 묵상하는 침묵기도 (말씀을 통해 발견한 하나님의 성품을 고백하며 기도합니다.)

✓ 회개와 감사 및 간구기도 (말씀으로 깨달은 회개의 내용과 중보의 제목으로 기도합니다.)

✓ 감사일기   일째

말씀묵상 및 필사 (반복해서 본문을 읽고 묵상한 후 필사합니다.)

· 너는 가난한 자의 송사라고 정의를 굽게 하지 말며 (출 23:6)

· 끝으로 형제들아 무엇에든지 참되며 무엇에든지 경건하며 무엇에든지 옳으며 무엇에든지 정
결하며 무엇에든지 사랑 받을 만하며 무엇에든지 칭찬 받을 만하며 무슨 덕이 있든지 무슨 기
림이 있든지 이것들을 생각하라 (빌 4:8)

_____

_____

_____

_____

_____

_____

_____

_____

✓ 말씀으로 드리는 고백기도

  진리의 하나님, 거짓이 난무하고 부정한 시대에 우리를 진리 위에 서게 하소서. 거룩한 삶으로
덕을 세우며 친절하게 사랑으로 행하는 자가 되기를 원합니다. 그리스도의 영으로 우리를 충만히
채우실 때에 그리스도를 닮은 자가 될 수 있음을 믿습니다.

✓ 하나님의 성품을 묵상하는 침묵기도 (말씀을 통해 발견한 하나님의 성품을 고백하며 기도합니다.)

✓ 회개와 감사 및 간구기도 (말씀으로 깨달은 회개의 내용과 중보의 제목으로 기도합니다.)

✓ 감사일기   일째

_____

_____

✔ 한 주간의 영성훈련을 점검합니다. (참여가 어려웠던 이유를 기록한 후 개선할 내용을 적어봅시다.)

☐ 1년 성경통독   ☐ 말씀묵상 및 필사   ☐ 침묵기도

☐ 감사와 회개의 기도   ☐ 감사일기   *열심히 참여 (○), 조금 부족 (△), 참여 못함 (×)

✔ 순례자의 노트를 작성하는 동안 가장 은혜로웠던 순간을 적어보세요.

_____

_____

_____

_____

_____

_____

_____

_____

✔ (1인)   가정예배

· 사도신경   · 찬송 : 430장 (주와 같이 길 가는 것)

· 성경읽기 : 누가복음 19장 28-44절 · 기도 : 본인 또는 가족 중   · 주기도문

10. 13. (일)

✔ 주일설교 묵상

_____

_____

_____

_____

_____

_____

말씀묵상 및 필사 (반복해서 본문을 읽고 묵상한 후 필사합니다.)

· 예루살렘아 네 마음의 악을 씻어 버리라 그리하면 구원을 얻으리라 네 악한 생각이 네 속에 얼마나 오래 머물겠느냐 (렘 4:14)

· 너희가 자랑하는 것이 옳지 아니하도다 적은 누룩이 온 덩어리에 퍼지는 것을 알지 못하느냐 너희는 누룩 없는 자인데 새 덩어리가 되기 위하여 묵은 누룩을 내버리라 우리의 유월절 양 곧 그리스도께서 희생되셨느니라 (고전 5:6-7)

_____

_____

_____

_____

_____

_____

_____

_____

✓ 말씀으로 드리는 고백기도

주님은 전심으로 통회하는 마음과 순종하고 헌신하는 영혼을 찾으시는 줄 믿습니다. 중심을 보시는 하나님 앞에서는 아무 것도 감출 수 없습니다. 주님, 우리를 불쌍히 여기시고 크고 작은 죄악을 씻어주시며 새롭게 하소서.

✓ 하나님의 성품을 묵상하는 침묵기도 (말씀을 통해 발견한 하나님의 성품을 고백하며 기도합니다.)

✓ 회개와 감사 및 간구기도 (말씀으로 깨달은 회개의 내용과 중보의 제목으로 기도합니다.)

✓ 감사일기   일째

_____

_____

말씀묵상 및 필사 (반복해서 본문을 읽고 묵상한 후 필사합니다.)

· 이는 나 여호와 너의 하나님이 네 오른손을 붙들고 네게 이르기를 두려워하지 말라 내가 너를 도우리라 할 것임이니라 (사 41:13)

· 그 아이의 손을 잡고 이르시되 달리다굼 하시니 번역하면 곧 내가 네게 말하노니 소녀야 일어 나라 하심이라 (막 5:41)

_____

_____

_____

_____

_____

_____

_____

_____

✓ 말씀으로 드리는 고백기도

크신 영광 중에 계신 주님, 택하신 자녀에게 은혜를 베푸시고 말씀을 통해 놀라우신 비밀을 알려주시니 감사합니다. 주님께서 하실 일을 기대하며 바라봅니다. 우리의 눈을 뜨게 하셔서 주님의 위대하심과 신실하심을 보게 하소서.

✓ 하나님의 성품을 묵상하는 침묵기도 (말씀을 통해 발견한 하나님의 성품을 고백하며 기도합니다.)

✓ 회개와 감사 및 간구기도 (말씀으로 깨달은 회개의 내용과 중보의 제목으로 기도합니다.)

✓ 감사일기   일째

_____

_____

말씀묵상 및 필사 (반복해서 본문을 읽고 묵상한 후 필사합니다.)

· 보라 나는 그들을 북쪽 땅에서 인도하며 땅 끝에서부터 모으리라 그들 중에는 맹인과 다리 저
  는 사람과 잉태한 여인과 해산하는 여인이 함께 있으며 큰 무리를 이루어 이 곳으로 돌아오리
  라 (렘 31:8)

· 네거리 길에 가서 사람을 만나는 대로 혼인 잔치에 청하여 오라 한대 (마 22:9)

_____

_____

_____

_____

_____

_____

_____

_____

_____

✓ 말씀으로 드리는 고백기도

　날마다 우리를 초대하시는 주님께 나아갑니다. 다치고 상한 몸을 고쳐주시는 주님께 달려갑니
다. 우리를 치유하시고 기쁘고 자유한 자로 잔치에 머물게 하소서. 영원한 천국 잔치를 바라보며
주님의 초청을 세상에 알리기를 원합니다. 도와주소서.

✓ 하나님의 성품을 묵상하는 침묵기도 (말씀을 통해 발견한 하나님의 성품을 고백하며 기도합니다.)

✓ 회개와 감사 및 간구기도 (말씀으로 깨달은 회개의 내용과 중보의 제목으로 기도합니다.)

✓ 감사일기　　　일째

_____

_____

말씀묵상 및 필사 (반복해서 본문을 읽고 묵상한 후 필사합니다.)

· 내가 여호와께 범죄하였으니 그의 진노를 당하려니와 마침내 주께서 나를 위하여 논쟁하시고
심판하시며 주께서 나를 인도하사 광명에 이르게 하시리니 내가 그의 공의를 보리로다 (미 7:9)

· 죄가 너희를 주장하지 못하리니 이는 너희가 법 아래에 있지 아니하고 은혜 아래에 있음이라
(롬 6:14)

✓ 말씀으로 드리는 고백기도

주님, 죄의 굴레를 벗고 자유하기를 원합니다. 여전히 죄의 영향에서 벗어나지 못하는 우리를 불
쌍히 여기소서. 하나님을 더 기뻐하고 죄를 미워하게 하소서. 이제 빛에 머물기를 원합니다. 빛 가
운데로 우리를 인도하소서.

✓ 하나님의 성품을 묵상하는 침묵기도 (말씀을 통해 발견한 하나님의 성품을 고백하며 기도합니다.)

✓ 회개와 감사 및 간구기도 (말씀으로 깨달은 회개의 내용과 중보의 제목으로 기도합니다.)

✓ 감사일기   일째

말씀묵상 및 필사 (반복해서 본문을 읽고 묵상한 후 필사합니다.)

· 내가 너로 이 백성 앞에 견고한 놋 성벽이 되게 하리니 그들이 너를 칠지라도 이기지 못할 것은 내가 너와 함께 하여 너를 구하여 건짐이라 여호와의 말씀이니라 (렘 15:20)

· 두세 사람이 내 이름으로 모인 곳에는 나도 그들 중에 있느니라 (마 18:20)

_____

_____

_____

_____

_____

_____

_____

_____

_____

_____

✓ 말씀으로 드리는 고백기도

주님의 몸된 공동체를 우리에게 주셨습니다. 힘을 모아 기도하게 하소서. 기도하며 세상을 이기게 하소서. 사탄의 권세에 무너지지 않게 하소서. 믿음으로, 사랑으로, 간절함으로 기도하기를 원합니다. 모든 기도에 응답하실 하나님을 찬송합니다.

✓ 하나님의 성품을 묵상하는 침묵기도 (말씀을 통해 발견한 하나님의 성품을 고백하며 기도합니다.)

✓ 회개와 감사 및 간구기도 (말씀으로 깨달은 회개의 내용과 중보의 제목으로 기도합니다.)

✓ 감사일기   일째

_____

_____

✓ **한 주간의 영성훈련을 점검합니다.** (참여가 어려웠던 이유를 기록한 후 개선할 내용을 적어봅시다.)

☐ 1년 성경통독   ☐ 말씀묵상 및 필사   ☐ 침묵기도

☐ 감사와 회개의 기도   ☐ 감사일기   *열심히 참여 (○), 조금 부족 (△), 참여 못함 (×)

✓ **순례자의 노트를 작성하는 동안 가장 은혜로웠던 순간을 적어보세요.**

_____

_____

_____

_____

_____

_____

_____

_____

_____

✓ **(1인)**   **가정예배**

· 사도신경   · 찬송 : 458장 (너희 마음에 슬픔이 가득할 때)

· 성경읽기 : 마가복음 11장 15-18절 · 기도 : 본인 또는 가족 중   · 주기도문

10. 20. (일)

✓ **주일설교 묵상**

_____

_____

_____

_____

_____

_____

말씀묵상 및 필사 (반복해서 본문을 읽고 묵상한 후 필사합니다.)

· 주여 내 입술을 열어 주소서 내 입이 주를 찬송하여 전파하리이다 (시 51:15)

· 보좌에서 음성이 나서 이르시되 하나님의 종들 곧 그를 경외하는 너희들아 작은 자나 큰 자나 다 우리 하나님께 찬송하라 하더라 (계 19:5)

_____

_____

_____

_____

_____

_____

_____

_____

_____

_____

✓ 말씀으로 드리는 고백기도

주님 밖에는 경외할 이 없습니다. 주님의 현존 앞에 떨지 않을 자가 누구이겠습니까. 찬송을 받으시기에 합당하신 하나님, 두렵고 떨리는 마음으로 나아갑니다. 우리의 찬송을 받으소서. 우리의 영광을 받으소서.

✓ 하나님의 성품을 묵상하는 침묵기도 (말씀을 통해 발견한 하나님의 성품을 고백하며 기도합니다.)

✓ 회개와 감사 및 간구기도 (말씀으로 깨달은 회개의 내용과 중보의 제목으로 기도합니다.)

✓ 감사일기   일째

_____

_____

말씀묵상 및 필사 (반복해서 본문을 읽고 묵상한 후 필사합니다.)

· 여호와의 말씀은 정직하며 그가 행하시는 일은 다 진실하시도다 (시 33:4)

· 믿음으로 사라 자신도 나이가 많아 단산하였으나 잉태할 수 있는 힘을 얻었으니 이는 약속하신 이를 미쁘신 줄 알았음이라 (히 11:11)

_____

_____

_____

_____

_____

_____

_____

_____

_____

_____

✓ 말씀으로 드리는 고백기도

　궁휼이 풍성하신 하나님, 인생의 길이 주님의 선하신 계획과 돌보심 가운데 있음을 믿습니다. 연약하고 무지하나 온전히 걷도록 가르치시고 하나님의 섭리를 깨닫게 하소서. 주님만을 따르며 나아갑니다. 도와주소서.

✓ 하나님의 성품을 묵상하는 침묵기도 (말씀을 통해 발견한 하나님의 성품을 고백하며 기도합니다.)

✓ 회개와 감사 및 간구기도 (말씀으로 깨달은 회개의 내용과 중보의 제목으로 기도합니다.)

✓ 감사일기　　일째

_____

_____

말씀묵상 및 필사 (반복해서 본문을 읽고 묵상한 후 필사합니다.)

· 시온에서 나팔을 불며 나의 거룩한 산에서 경고의 소리를 질러 이 땅 주민들로 다 떨게 할지니 이는 여호와의 날이 이르게 됨이니라 이제 임박하였으니 (욜 2:1)

· 시험에 들지 않게 깨어 있어 기도하라 마음에는 원이로되 육신이 약하도다 하시고 (막 14:38)

✓ 말씀으로 드리는 고백기도

주님, 항상 깨어 기도합니다. 신랑을 맞이할 신부가 되어 기름을 준비하듯 언제나 주님을 기다리는 자가 되게 하소서. 넘어지지 않게 붙잡아 주소서. 주님의 능력으로 살게 하소서.

✓ 하나님의 성품을 묵상하는 침묵기도 (말씀을 통해 발견한 하나님의 성품을 고백하며 기도합니다.)

✓ 회개와 감사 및 간구기도 (말씀으로 깨달은 회개의 내용과 중보의 제목으로 기도합니다.)

✓ 감사일기   일째

말씀묵상 및 필사 (반복해서 본문을 읽고 묵상한 후 필사합니다.)

· 여호와와 같이 거룩하신 이가 없으시니 이는 주 밖에 다른 이가 없고 우리 하나님 같은 반석도 없으심이니이다 (삼상 2:2)

· 이 닦아 둔 것 외에 능히 다른 터를 닦아 둘 자가 없으니 이 터는 곧 예수 그리스도라 (고전 3:11)

_____

_____

_____

_____

_____

_____

_____

_____

_____

✓ 말씀으로 드리는 고백기도

우리에게 전부이신 예수 그리스도를 찬양합니다. 주님만이 진리시며 빛과 생명이 되심을 믿습니다. 어두운 시대에 주님의 빛을 바라보며 따라가게 하소서. 소망 없는 세대에 주님을 통해 밝히 보는 기쁨을 주소서.

✓ 하나님의 성품을 묵상하는 침묵기도 (말씀을 통해 발견한 하나님의 성품을 고백하며 기도합니다.)

✓ 회개와 감사 및 간구기도 (말씀으로 깨달은 회개의 내용과 중보의 제목으로 기도합니다.)

✓ 감사일기   일째

_____

_____

말씀묵상 및 필사 (반복해서 본문을 읽고 묵상한 후 필사합니다.)

· 여호와께서 너희를 기뻐하시고 너희를 택하심은 너희가 다른 민족보다 수효가 많기 때문이 아니니라 너희는 오히려 모든 민족 중에 가장 적으니라 여호와께서 다만 너희를 사랑하심으로 말미암아, 또는 너희의 조상들에게 하신 맹세를 지키려 하심으로 말미암아 자기의 권능의 손으로 너희를 인도하여 내시되 너희를 그 종 되었던 집에서 애굽 왕 바로의 손에서 속량하셨나니 (신 7:7-8)

· 하나님께서 세상의 천한 것들과 멸시 받는 것들과 없는 것들을 택하사 있는 것들을 폐하려 하시나니 (고전 1:28)

✓ 말씀으로 드리는 고백기도

하나님의 주권을 찬양합니다. 주님의 권능을 높여드립니다. 주님께서 역사하시는 방법은 세상의 방법과는 다릅니다. 구원의 일을 이루시는 하나님 앞에 우리는 아무런 공로도 없음을 고백합니다. 주님, 영광 받으소서.

✓ 하나님의 성품을 묵상하는 침묵기도 (말씀을 통해 발견한 하나님의 성품을 고백하며 기도합니다.)

✓ 회개와 감사 및 간구기도 (말씀으로 깨달은 회개의 내용과 중보의 제목으로 기도합니다.)

✓ 감사일기   일째

✔ **한 주간의 영성훈련을 점검합니다.** (참여가 어려웠던 이유를 기록한 후 개선할 내용을 적어봅시다.)

⃞ 1년 성경통독   ⃞ 말씀묵상 및 필사   ⃞ 침묵기도

⃞ 감사와 회개의 기도   ⃞ 감사일기   *열심히 참여 (○), 조금 부족 (△), 참여 못함 (×)

✔ **순례자의 노트를 작성하는 동안 가장 은혜로웠던 순간을 적어보세요.**

___

✔ **(1인)** **가정예배**

· 사도신경   · 찬송 : 488장 (이 몸의 소망 무언가)

· 성경읽기 : 마가복음 12장 41-44절 · 기도 : 본인 또는 가족 중   · 주기도문

10. 27. (일)

✔ **주일설교 묵상**

말씀묵상 및 필사 (반복해서 본문을 읽고 묵상한 후 필사합니다.)

· 여호와께서 모세에게 이르시되 볼지어다 내가 너를 바로에게 신 같이 되게 하였은즉 네 형 아론은 네 대언자가 되리니 내가 네게 명령한 바를 너는 네 형 아론에게 말하고 그는 바로에게 말하여 그에게 이스라엘 자손을 그 땅에서 내보내게 할지니라 (출 7:1-2)

· 말하는 이는 너희가 아니라 너희 속에서 말씀하시는 이 곧 너희 아버지의 성령이시니라 (마 10:20)

✓ 말씀으로 드리는 고백기도

성령님, 오늘도 말씀으로 우리를 깨워 주옵소서. 신실하신 하나님의 크고 놀라우신 일이 마지막 날까지 이루어질 것을 믿습니다. 세상이 하나님의 능력과 위엄을 보게 하옵소서.

✓ 하나님의 성품을 묵상하는 침묵기도 (말씀을 통해 발견한 하나님의 성품을 고백하며 기도합니다.)

✓ 회개와 감사 및 간구기도 (말씀으로 깨달은 회개의 내용과 중보의 제목으로 기도합니다.)

✓ 감사일기   일째

말씀묵상 및 필사 (반복해서 본문을 읽고 묵상한 후 필사합니다.)

· 그 잃어버린 자를 내가 찾으며 쫓기는 자를 내가 돌아오게 하며 상한 자를 내가 싸매 주며 병든 자를 내가 강하게 하려니와 살진 자와 강한 자는 내가 없애고 정의대로 그것들을 먹이리라 (겔 34:16)

· 나를 보내신 이의 뜻은 내게 주신 자 중에 내가 하나도 잃어버리지 아니하고 마지막 날에 다시 살리는 이것이니라 (요 6:39)

✓ 말씀으로 드리는 고백기도

잃어버린 자들을 찾으시는 주님의 선하심을 찬양합니다. 믿음에서 떠나 있는 자들을 위해 오늘도 중보하오니 기도에 응답하소서. 주님의 마음을 내게 주소서. 주님의 관심이 연약한 자, 어둠 속에 있는 자에게 있음을 알게 하소서.

✓ 하나님의 성품을 묵상하는 침묵기도 (말씀을 통해 발견한 하나님의 성품을 고백하며 기도합니다.)

✓ 회개와 감사 및 간구기도 (말씀으로 깨달은 회개의 내용과 중보의 제목으로 기도합니다.)

✓ 감사일기   일째

말씀묵상 및 필사 (반복해서 본문을 읽고 묵상한 후 필사합니다.)

· 그 후에 이스라엘 자손이 돌아와서 그들의 하나님 여호와와 그들의 왕 다윗을 찾고 마지막 날에는 여호와를 경외하므로 여호와와 그의 은총으로 나아가리라 (호 3:5)

· 너희 안에서 착한 일을 시작하신 이가 그리스도 예수의 날까지 이루실 줄을 우리는 확신하노라 (빌 1:6)

_____

_____

_____

_____

_____

_____

_____

_____

✓ 말씀으로 드리는 고백기도

택하신 자녀를 향한 주님의 계획과 인도하심을 찬양합니다. 자녀로서 주님의 부르심에 합한 자로 살아가게 하소서. 하나님께 소망을 두고 구원을 이루실 선하신 하나님을 신뢰하며 끝까지 인내하게 하소서. 성령님, 우리와 함께 하소서.

✓ 하나님의 성품을 묵상하는 침묵기도 (말씀을 통해 발견한 하나님의 성품을 고백하며 기도합니다.)

✓ 회개와 감사 및 간구기도 (말씀으로 깨달은 회개의 내용과 중보의 제목으로 기도합니다.)

✓ 감사일기   일째

_____

말씀묵상 및 필사 (반복해서 본문을 읽고 묵상한 후 필사합니다.)

· 공의로 가난한 자를 심판하며 정직으로 세상의 겸손한 자를 판단할 것이며 그의 입의 막대기로 세상을 치며 그의 입술의 기운으로 악인을 죽일 것이며 (사 11:4)

· 모든 사람에게 구원을 주시는 하나님의 은혜가 나타나 (딛 2:11)

_____

_____

_____

_____

_____

_____

_____

_____

_____

_____

✔ 말씀으로 드리는 고백기도

　주님의 위대하심과 계획을 함부로 판단했던 우리를 용서하소서. 광대하신 구원의 역사를 이루시는 주님을 찬양합니다. 비록 연약하지만 주님이 주신 거룩한 소명을 품고 나아갑니다. 우리를 주님의 도구로 삼아주소서.

✔ 하나님의 성품을 묵상하는 침묵기도 (말씀을 통해 발견한 하나님의 성품을 고백하며 기도합니다.)

✔ 회개와 감사 및 간구기도 (말씀으로 깨달은 회개의 내용과 중보의 제목으로 기도합니다.)

✔ 감사일기   　일째

_____

_____

Nov.

올바른 성경 묵상을 위한 도전들 1

1. 집중력과 시간 부족

성경 묵상은 집중력과 시간을 필요로 합니다. 현대인들은 디지털 미디어와의 지속적인 상호작용으로 인해 집중력을 잃고 묵상을 위한 시간을 확보하지 못하고 있습니다. 바쁜 일상 속에서도 디지털 미디어를 조금 멀리하고 의도적으로 시간을 정해 묵상에 참여하려는 의지가 요구됩니다.

2. 이해의 어려움

성경은 고대 언어로 기록되어 읽기가 쉽지 않습니다. 문맥 속에서 그 시대의 언어와 역사, 문화를 파악하고 말씀을 이해하는 일은 많은 노력이 필요합니다. 성령님께서 주시는 신령한 지혜를 의지하고 교회 공동체의 도움으로 끝까지 포기하지 않는 자세가 필요합니다.

말씀묵상 및 필사 (반복해서 본문을 읽고 묵상한 후 필사합니다.)

· 이스라엘의 소망이신 여호와여 무릇 주를 버리는 자는 다 수치를 당할 것이라 무릇 여호와를 떠나는 자는 흙에 기록이 되오리니 이는 생수의 근원이신 여호와를 버림이니이다 (렘 17:13)

· 형제들아 너희는 삼가 혹 너희 중에 누가 믿지 아니하는 악한 마음을 품고 살아 계신 하나님에게서 떨어질까 조심할 것이요 (히 3:12)

_____

_____

_____

_____

_____

_____

_____

_____

✓ 말씀으로 드리는 고백기도

우리를 사랑하신 주님, 수많은 이유로 주님을 거절해 온 우리를 용서하소서. 주님의 얼굴을 피해 숨지 않게 하소서. 주님과 멀어지게 하는 모든 것들을 단호히 거부하게 하소서. 하나님께서 허락하신 의지로 주님을 더욱 사랑하게 하소서.

✓ 하나님의 성품을 묵상하는 침묵기도 (말씀을 통해 발견한 하나님의 성품을 고백하며 기도합니다.)

✓ 회개와 감사 및 간구기도 (말씀으로 깨달은 회개의 내용과 중보의 제목으로 기도합니다.)

✓ 감사일기   일째

_____

_____

✓ **한 주간의 영성훈련을 점검합니다.** (참여가 어려웠던 이유를 기록한 후 개선할 내용을 적어봅시다.)

☐ 1년 성경통독   ☐ 말씀묵상 및 필사   ☐ 침묵기도

☐ 감사와 회개의 기도   ☐ 감사일기   *열심히 참여 (○), 조금 부족 (△), 참여 못함 (×)

✓ **순례자의 노트를 작성하는 동안 가장 은혜로웠던 순간을 적어보세요.**

_____

_____

_____

_____

_____

_____

_____

_____

✓ (1인)   **가정예배**

· 사도신경   · 찬송 : 151장 (만왕의 왕 내 주께서)

· 성경읽기 : 요한복음 14장 1-3절   · 기도 : 본인 또는 가족 중   · 주기도문

11. 3. (일)

✓ **주일설교 묵상**

_____

_____

_____

_____

_____

_____

말씀묵상 및 필사 (반복해서 본문을 읽고 묵상한 후 필사합니다.)

· 사무엘이 돌을 취하여 미스바와 센 사이에 세워 이르되 여호와께서 여기까지 우리를 도우셨다
  하고 그 이름을 에벤에셀이라 하니라 (삼상 7:12)

· 주께서 내 곁에 서서 나에게 힘을 주심은 나로 말미암아 선포된 말씀이 온전히 전파되어 모든
  이방인이 듣게 하려 하심이니 내가 사자의 입에서 건짐을 받았느니라 (딤후 4:17)

_____

_____

_____

_____

_____

_____

_____

_____

_____

✓ 말씀으로 드리는 고백기도

  주님의 힘과 능력이 아니면 하루도 살아갈 수 없습니다. 지금까지 우리를 도우신 주님, 영원토
록 우리와 함께 하소서. 하나님 나라를 선포하며 나아갑니다. 주님의 능력의 손으로 우리를 붙드
소서.

✓ 하나님의 성품을 묵상하는 침묵기도 (말씀을 통해 발견한 하나님의 성품을 고백하며 기도합니다.)

✓ 회개와 감사 및 간구기도 (말씀으로 깨달은 회개의 내용과 중보의 제목으로 기도합니다.)

✓ 감사일기   일째

_____

_____

말씀묵상 및 필사 (반복해서 본문을 읽고 묵상한 후 필사합니다.)

· 여호와께서 땅 끝까지 선포하시되 너희는 딸 시온에게 이르라 보라 네 구원이 이르렀느니라 보라 상급이 그에게 있고 보응이 그 앞에 있느니라 하셨느니라 (사 62:11)

· 그는 창세 전부터 미리 알린 바 되신 이나 이 말세에 너희를 위하여 나타내신 바 되었으니 (벧전 1:20)

_____
_____
_____
_____
_____
_____
_____
_____

✓ 말씀으로 드리는 고백기도

주님, 장차 강한 자로, 심판하시는 자로 임하셔서 친히 주님의 팔로 다스리실 줄 믿습니다. 그날을 바라보며 주님의 상급을 기다립니다. 마지막까지 우리의 발을 평강의 길로 인도하소서.

✓ 하나님의 성품을 묵상하는 침묵기도 (말씀을 통해 발견한 하나님의 성품을 고백하며 기도합니다.)

✓ 회개와 감사 및 간구기도 (말씀으로 깨달은 회개의 내용과 중보의 제목으로 기도합니다.)

✓ 감사일기   일째

_____
_____

말씀묵상 및 필사 (반복해서 본문을 읽고 묵상한 후 필사합니다.)

· 마치 독수리가 자기의 보금자리를 어지럽게 하며 자기의 새끼 위에 너풀거리며 그의 날개를 펴서 새끼를 받으며 그의 날개 위에 그것을 업는 것 같이 여호와께서 홀로 그를 인도하셨고 그와 함께 한 다른 신이 없었도다 (신 32:11-12)

· 너희는 말세에 나타내기로 예비하신 구원을 얻기 위하여 믿음으로 말미암아 하나님의 능력으로 보호하심을 받았느니라 (벧전 1:5)

_____

_____

_____

_____

_____

_____

_____

_____

✓ 말씀으로 드리는 고백기도

사랑의 주님, 눈동자와 같이 우리를 지켜 주소서. 아버지의 날개 아래 우리를 숨게 하소서. 믿음으로 나아갑니다. 모든 악의 공격으로부터 우리를 보호하시고, 주님의 구원을 잃지 않게 하소서. 날마다 아버지의 도우심을 기다립니다.

✓ 하나님의 성품을 묵상하는 침묵기도 (말씀을 통해 발견한 하나님의 성품을 고백하며 기도합니다.)

✓ 회개와 감사 및 간구기도 (말씀으로 깨달은 회개의 내용과 중보의 제목으로 기도합니다.)

✓ 감사일기   일째

_____

_____

말씀묵상 및 필사 (반복해서 본문을 읽고 묵상한 후 필사합니다.)

· 사람이 여호와의 구원을 바라고 잠잠히 기다림이 좋도다 (애 3:26)

· 너희의 인내로 너희 영혼을 얻으리라 (눅 21:19)

✔ **말씀으로 드리는 고백기도**

　주님의 인내를 본받아 살게 하소서. 십자가는 순종이며 희생임을 깊이 깨닫습니다. 철저히 자신을 버리시고 하나님의 큰 뜻이 이루어지길 원하셨던 예수 그리스도의 마음을 닮게 하소서. 선하신 주님의 뜻만이 이루어지길 소원합니다.

✔ **하나님의 성품을 묵상하는 침묵기도** (말씀을 통해 발견한 하나님의 성품을 고백하며 기도합니다.)

✔ **회개와 감사 및 간구기도** (말씀으로 깨달은 회개의 내용과 중보의 제목으로 기도합니다.)

✔ **감사일기**　　　일째

말씀묵상 및 필사 (반복해서 본문을 읽고 묵상한 후 필사합니다.)

· 대저 나는 여호와 네 하나님이요 이스라엘의 거룩한 이요 네 구원자임이라 내가 애굽을 너의 속량물로, 구스와 스바를 너를 대신하여 주었노라 (사 43:3)

· 오직 우리 주 곧 구주 예수 그리스도의 은혜와 그를 아는 지식에서 자라 가라 영광이 이제와 영원한 날까지 그에게 있을지어다 (벧후 3:18)

_____

_____

_____

_____

_____

_____

_____

_____

✓ **말씀으로 드리는 고백기도**

지혜의 성령님, 예수 그리스도를 우리에게 보내신 이유를 알게 하소서. 주님을 더 알기 원합니다. 더 크신 주님의 세계를 깨닫기 원합니다. 구원의 은혜 안에 믿음이 자라고 거룩한 삶이 되게 하소서.

✓ **하나님의 성품을 묵상하는 침묵기도** (말씀을 통해 발견한 하나님의 성품을 고백하며 기도합니다.)

✓ **회개와 감사 및 간구기도** (말씀으로 깨달은 회개의 내용과 중보의 제목으로 기도합니다.)

✓ **감사일기   일째**

_____

✔ **한 주간의 영성훈련을 점검합니다.** (참여가 어려웠던 이유를 기록한 후 개선할 내용을 적어봅시다.)

☐ 1년 성경통독   ☐ 말씀묵상 및 필사   ☐ 침묵기도

☐ 감사와 회개의 기도   ☐ 감사일기   *열심히 참여 (○), 조금 부족 (△), 참여 못함 (×)

✔ **순례자의 노트를 작성하는 동안 가장 은혜로웠던 순간을 적어보세요.**

_____
_____
_____
_____
_____
_____
_____
_____

✔ (1인) **가정예배**

· 사도신경   · 찬송 : 315장 (내 주 되신 주를 참 사랑하고)
· 성경읽기 : 마가복음 14장 32-42절 · 기도 : 본인 또는 가족 중   · 주기도문

11. 10. (일)

✔ **주일설교 묵상**

_____
_____
_____
_____
_____
_____

말씀묵상 및 필사 (반복해서 본문을 읽고 묵상한 후 필사합니다.)

· 악인은 그의 길을, 불의한 자는 그의 생각을 버리고 여호와께로 돌아오라 그리하면 그가 긍휼
히 여기시리라 우리 하나님께로 돌아오라 그가 너그럽게 용서하시리라 (사 55:7)

· 내가 너희에게 이르노니 이와 같이 죄인 한 사람이 회개하면 하늘에서는 회개할 것 없는 의인
아흔아홉으로 말미암아 기뻐하는 것보다 더하리라 (눅 15:7)

_____

_____

_____

_____

_____

_____

_____

_____

_____

✓ 말씀으로 드리는 고백기도
잃은 양을 찾으시는 하나님, 아버지의 마음을 깨달아 알게 하소서. 나를 회개하게 하시고 주님께
로 인도하신 그 사랑을 외면하지 않게 하소서. 회개가 기쁨이 되고, 축복이 되게 하신 하나님을 찬
양합니다. 할렐루야.

✓ 하나님의 성품을 묵상하는 침묵기도 (말씀을 통해 발견한 하나님의 성품을 고백하며 기도합니다.)

✓ 회개와 감사 및 간구기도 (말씀으로 깨달은 회개의 내용과 중보의 제목으로 기도합니다.)

✓ 감사일기   일째

_____

_____

말씀묵상 및 필사 (반복해서 본문을 읽고 묵상한 후 필사합니다.)

· 하나님이여 주께서 우리 조상들의 날 곧 옛날에 행하신 일을 그들이 우리에게 일러 주매 우리가 우리 귀로 들었나이다 (시 44:1)

· 예수를 너희가 보지 못하였으나 사랑하는도다 이제도 보지 못하나 믿고 말할 수 없는 영광스러운 즐거움으로 기뻐하니 믿음의 결국 곧 영혼의 구원을 받음이라 이 구원에 대하여는 너희에게 임할 은혜를 예언하던 선지자들이 연구하고 부지런히 살펴서 (벧전 1:8-10)

✓ 말씀으로 드리는 고백기도

역사의 주관자이신 하나님, 오늘 나의 구원의 은혜가 하나님의 광대하신 뜻과 섭리 안에서 이루어진 것임을 깨닫습니다. 주님의 크신 사랑을 깨닫게 하시는 성령님을 찬양합니다. 믿음의 선진들을 따라 주님을 더욱 사랑하게 하소서.

✓ 하나님의 성품을 묵상하는 침묵기도 (말씀을 통해 발견한 하나님의 성품을 고백하며 기도합니다.)

✓ 회개와 감사 및 간구기도 (말씀으로 깨달은 회개의 내용과 중보의 제목으로 기도합니다.)

✓ 감사일기   일째

말씀묵상 및 필사 (반복해서 본문을 읽고 묵상한 후 필사합니다.)

· 용사의 활은 꺾이고 넘어진 자는 힘으로 띠를 띠도다 (삼상 2:4)

· 나에게 이르시기를 내 은혜가 네게 족하도다 이는 내 능력이 약한 데서 온전하여짐이라 하신
지라 그러므로 도리어 크게 기뻐함으로 나의 여러 약한 것들에 대하여 자랑하리니 이는 그리
스도의 능력이 내게 머물게 하려 함이라 (고후 12:9)

✓ 말씀으로 드리는 고백기도

　그리스도 예수 안에 있는 은혜 가운데 강하게 하소서. 병거와 말을 의지하지 않고 여호와 우리
하나님의 이름을 의지하게 하소서. 주님의 이름에 능력이 있음을 믿습니다. 오늘도 능하신 팔로
우리를 붙들어 주소서.

✓ 하나님의 성품을 묵상하는 침묵기도 (말씀을 통해 발견한 하나님의 성품을 고백하며 기도합니다.)

✓ 회개와 감사 및 간구기도 (말씀으로 깨달은 회개의 내용과 중보의 제목으로 기도합니다.)

✓ 감사일기　　　일째

말씀묵상 및 필사 (반복해서 본문을 읽고 묵상한 후 필사합니다.)

· 그런데 너희는 이르기를 주의 길이 공평하지 아니하다 하는도다 이스라엘 족속아 들을지어다 내 길이 어찌 공평하지 아니하냐 너희 길이 공평하지 아니한 것이 아니냐 (겔 18:25)

· 그러므로 하나님의 능하신 손 아래에서 겸손하라 때가 되면 너희를 높이시리라 (벧전 5:6)

✓ 말씀으로 드리는 고백기도

주님, 우리는 주님 앞에 아무것도 아닌 존재입니다. 철저히 연약한 존재임을 고백합니다. 베푸신 은혜를 깨닫지 못하고 모든 것이 나의 능력 때문이라고 착각하는 우리의 교만을 용서하소서. 우리에게 겸손을 가르쳐 주소서. 성령님, 주님의 능력을 덧입게 하소서.

✓ 하나님의 성품을 묵상하는 침묵기도 (말씀을 통해 발견한 하나님의 성품을 고백하며 기도합니다.)

✓ 회개와 감사 및 간구기도 (말씀으로 깨달은 회개의 내용과 중보의 제목으로 기도합니다.)

✓ 감사일기   일째

말씀묵상 및 필사 (반복해서 본문을 읽고 묵상한 후 필사합니다.)

· 내가 나의 영을 주의 손에 부탁하나이다 진리의 하나님 여호와여 나를 속량하셨나이다
(시 31:5)

· 바울이나 아볼로나 게바나 세계나 생명이나 사망이나 지금 것이나 장래 것이나 다 너희의 것
이요 너희는 그리스도의 것이요 그리스도는 하나님의 것이니라 (고전 3:22-23)

_____

_____

_____

_____

_____

_____

_____

_____

✓ 말씀으로 드리는 고백기도
　만물의 주인이신 하나님, 나는 철저히 주님의 것입니다. 주님께 속한 자로 살아가게 하소서. 주님
의 자녀가 된 것은 나의 힘과 노력과 공로가 아님을 깨닫게 하소서. 오직 주님께서 하신 일만 자랑
하게 하소서.

✓ 하나님의 성품을 묵상하는 침묵기도 (말씀을 통해 발견한 하나님의 성품을 고백하며 기도합니다.)

✓ 회개와 감사 및 간구기도 (말씀으로 깨달은 회개의 내용과 중보의 제목으로 기도합니다.)

✓ 감사일기　　일째

_____

_____

✔ **한 주간의 영성훈련을 점검합니다.** (참여가 어려웠던 이유를 기록한 후 개선할 내용을 적어봅시다.)

[ ] 1년 성경통독   [ ] 말씀묵상 및 필사   [ ] 침묵기도

[ ] 감사와 회개의 기도   [ ] 감사일기   *열심히 참여 (○), 조금 부족 (△), 참여 못함 (×)

✔ **순례자의 노트를 작성하는 동안 가장 은혜로웠던 순간을 적어보세요.**

_____

_____

_____

_____

_____

_____

_____

_____

_____

✔ **(1인)   가정예배**

· 사도신경   · 찬송 : 486장 (이 세상에 근심된 일이 많고)

· 성경읽기 : 누가복음 22장 31-62절 · 기도 : 본인 또는 가족 중   · 주기도문

✔ **주일설교 묵상**

_____

_____

_____

_____

_____

_____

말씀묵상 및 필사 (반복해서 본문을 읽고 묵상한 후 필사합니다.)

· 의인들의 장막에는 기쁜 소리, 구원의 소리가 있음이여 여호와의 오른손이 권능을 베푸시며 여호와의 오른손이 높이 들렸으며 여호와의 오른손이 권능을 베푸시는도다 (시 118:15-16)

· 항상 우리를 그리스도 안에서 이기게 하시고 우리로 말미암아 각처에서 그리스도를 아는 냄새를 나타내시는 하나님께 감사하노라 (고후 2:14)

_____

_____

_____

_____

_____

_____

_____

_____

_____

✔ **말씀으로 드리는 고백기도**

주님, 담대하게 복음의 비밀과 하나님의 나라를 전하게 하소서. 성령님께서 우리를 진리와 사랑으로 채우셔서 빛의 자녀요, 복음의 증거자로 서게 하소서. 성령님, 우리를 붙드시고 낙심하지 않게 하소서.

✔ **하나님의 성품을 묵상하는 침묵기도** (말씀을 통해 발견한 하나님의 성품을 고백하며 기도합니다.)

✔ **회개와 감사 및 간구기도** (말씀으로 깨달은 회개의 내용과 중보의 제목으로 기도합니다.)

✔ **감사일기   일째**

_____

_____

말씀묵상 및 필사 (반복해서 본문을 읽고 묵상한 후 필사합니다.)

· 나의 혀가 주의 의를 말하며 종일토록 주를 찬송하리이다 (시 35:28)

· 누구든지 스스로 경건하다 생각하며 자기 혀를 재갈 물리지 아니하고 자기 마음을 속이면 이 사람의 경건은 헛것이라 (약 1:26)

_____

_____

_____

_____

_____

_____

_____

_____

_____

✔ **말씀으로 드리는 고백기도**

경건에 이르도록 네 자신을 연단하라는 말씀을 기억합니다. 경건한 자가 끊어지고 충실한 자들이 사라지는 이 시대에 참된 주님의 제자가 되기를 원합니다. 거룩한 삶으로 나아가는 자를 주님께서 친히 인도하실 줄 믿습니다.

✔ **하나님의 성품을 묵상하는 침묵기도** (말씀을 통해 발견한 하나님의 성품을 고백하며 기도합니다.)

✔ **회개와 감사 및 간구기도** (말씀으로 깨달은 회개의 내용과 중보의 제목으로 기도합니다.)

✔ **감사일기**　　일째

_____

_____

말씀묵상 및 필사 (반복해서 본문을 읽고 묵상한 후 필사합니다.)

· 주께서 생명의 길을 내게 보이시리니 주의 앞에는 충만한 기쁨이 있고 주의 오른쪽에는 영원한 즐거움이 있나이다 (시 16:11)

· 시몬 베드로가 대답하되 주여 영생의 말씀이 주께 있사오니 우리가 누구에게로 가오리이까 우리가 주는 하나님의 거룩하신 자이신 줄 믿고 알았사옵나이다 (요 6:68-69)

✓ 말씀으로 드리는 고백기도

거룩하신 하나님, 삼위일체 하나님의 신비와 그 충만하심을 깨닫게 하소서. 구원의 은혜와 성령의 지혜 안에서만 온전히 하나님을 고백할 수 있음을 믿습니다. 말씀으로 계시하시며 영으로 인도하소서. 주님의 말씀과 일하심을 통해 더 큰 세계를 알아가게 하소서.

✓ 하나님의 성품을 묵상하는 침묵기도 (말씀을 통해 발견한 하나님의 성품을 고백하며 기도합니다.)

✓ 회개와 감사 및 간구기도 (말씀으로 깨달은 회개의 내용과 중보의 제목으로 기도합니다.)

✓ 감사일기   일째

말씀묵상 및 필사 (반복해서 본문을 읽고 묵상한 후 필사합니다.)

· 지극히 높으신 하나님이 내게 행하신 이적과 놀라운 일을 내가 알게 하기를 즐겨 하노라 (단 4:2)

· 대답하되 예수라 하는 그 사람이 진흙을 이겨 내 눈에 바르고 나더러 실로암에 가서 씻으라 하기에 가서 씻었더니 보게 되었노라 (요 9:11)

✓ 말씀으로 드리는 고백기도

주님의 신령한 말씀이 우리에게 있습니다. 성령님, 주님의 말씀 앞에 순종하게 하소서. 주님의 신령한 세계를 눈으로 보게 하소서. 주님의 사랑받는 자가 주님을 더 알아가기를 소원합니다. 도와주소서.

✓ 하나님의 성품을 묵상하는 침묵기도 (말씀을 통해 발견한 하나님의 성품을 고백하며 기도합니다.)

✓ 회개와 감사 및 간구기도 (말씀으로 깨달은 회개의 내용과 중보의 제목으로 기도합니다.)

✓ 감사일기   일째

말씀묵상 및 필사 (반복해서 본문을 읽고 묵상한 후 필사합니다.)

· 하나님이여 주는 나의 우매함을 아시오니 나의 죄가 주 앞에서 숨김이 없나이다 (시 69:5)

· 또 범죄와 육체의 무할례로 죽었던 너희를 하나님이 그와 함께 살리시고 우리의 모든 죄를 사하시고 우리를 거스르고 불리하게 하는 법조문으로 쓴 증서를 지우시고 제하여 버리사 십자가에 못 박으시고 (골 2:13-14)

✓ 말씀으로 드리는 고백기도

죄로 인해 어두웠던 우리를 불쌍히 여기신 주님, 우리의 삶에 구원을 허락하시니 감사합니다. 회개의 영을 허락하시고 우리를 십자가의 능력 안에서 새롭게 태어나게 하소서. 영광스러운 하나님의 자녀로 부르시고 동행하시는 주님을 찬양합니다.

✓ 하나님의 성품을 묵상하는 침묵기도 (말씀을 통해 발견한 하나님의 성품을 고백하며 기도합니다.)

✓ 회개와 감사 및 간구기도 (말씀으로 깨달은 회개의 내용과 중보의 제목으로 기도합니다.)

✓ 감사일기   일째

✔ **한 주간의 영성훈련을 점검합니다.** (참여가 어려웠던 이유를 기록한 후 개선할 내용을 적어봅시다.)

☐ 1년 성경통독　　　☐ 말씀묵상 및 필사　　　☐ 침묵기도
☐ 감사와 회개의 기도　☐ 감사일기　　　*열심히 참여 (○), 조금 부족 (△), 참여 못함 (×)

✔ **순례자의 노트를 작성하는 동안 가장 은혜로웠던 순간을 적어보세요.**

_____
_____
_____
_____
_____
_____
_____
_____
_____

✔ (1인)　 가정예배

· 사도신경　　　　　　　· 찬송 : 438장 (내 영혼이 은총 입어)
· 성경읽기 : 요한복음 18장 19-40절 · 기도 : 본인 또는 가족 중　　· 주기도문

11. 24. (일)

✔ **주일설교 묵상**

_____
_____
_____
_____
_____
_____

말씀묵상 및 필사 (반복해서 본문을 읽고 묵상한 후 필사합니다.)

· 여호와여 주와 같은 이 없나이다 주는 크시니 주의 이름이 그 권능으로 말미암아 크시니이다
  (렘 10:6)

· 모든 입으로 예수 그리스도를 주라 시인하여 하나님 아버지께 영광을 돌리게 하셨느니라
  (빌 2:11)

✓ **말씀으로 드리는 고백기도**

누가 여호와 하나님의 권능을 다 말하며, 누가 주님께서 받으실 찬양을 다 선포할 수 있겠습니까. 우리 주 하나님 아버지만 영광과 존귀와 권능을 받으소서. 나를 지으신 주님, 나는 주님의 것입니다.

✓ **하나님의 성품을 묵상하는 침묵기도** (말씀을 통해 발견한 하나님의 성품을 고백하며 기도합니다.)

✓ **회개와 감사 및 간구기도** (말씀으로 깨달은 회개의 내용과 중보의 제목으로 기도합니다.)

✓ **감사일기**   일째

말씀묵상 및 필사 (반복해서 본문을 읽고 묵상한 후 필사합니다.)

· 이 징조가 네게 임하거든 너는 기회를 따라 행하라 하나님이 너와 함께 하시느니라 (삼상 10:7)

· 누구든지 자기의 유익을 구하지 말고 남의 유익을 구하라 (고전 10:24)

✓ **말씀으로 드리는 고백기도**

주님, 완악한 본성으로부터 벗어나게 하소서. 내가 아니라 주님을 먼저 생각하게 하소서. 내가 아니라 주님의 몸 된 공동체를 섬기게 하소서. 나의 허물을 회개하게 하시고 주님이 가르치신 참된 가치에 중심을 두고 순종하게 하소서.

✓ **하나님의 성품을 묵상하는 침묵기도** (말씀을 통해 발견한 하나님의 성품을 고백하며 기도합니다.)

✓ **회개와 감사 및 간구기도** (말씀으로 깨달은 회개의 내용과 중보의 제목으로 기도합니다.)

✓ **감사일기   일째**

말씀묵상 및 필사 (반복해서 본문을 읽고 묵상한 후 필사합니다.)

· 야곱의 하나님을 자기의 도움으로 삼으며 여호와 자기 하나님에게 자기의 소망을 두는 자는 복이 있도다 (시 146:5)

· 이를 위하여 우리가 수고하고 힘쓰는 것은 우리 소망을 살아 계신 하나님께 둠이니 곧 모든 사람 특히 믿는 자들의 구주시라 (딤전 4:10)

_____

_____

_____

_____

_____

_____

_____

_____

_____

✓ 말씀으로 드리는 고백기도

삶의 고통과 어려움 속에서도 소망을 잃지 않게 하소서. 복음을 선포할 때 넘어지지 않도록 붙들어 주소서. 날마다 주님께 나아가 위로를 얻고 소망 되신 주님 만을 바라보며 마지막까지 주님을 따르게 하소서.

✓ 하나님의 성품을 묵상하는 침묵기도 (말씀을 통해 발견한 하나님의 성품을 고백하며 기도합니다.)

✓ 회개와 감사 및 간구기도 (말씀으로 깨달은 회개의 내용과 중보의 제목으로 기도합니다.)

✓ 감사일기   일째

_____

_____

말씀묵상 및 필사 (반복해서 본문을 읽고 묵상한 후 필사합니다.)

· 모세가 이르되 원하건대 주의 영광을 내게 보이소서 (출 33:18)

· 예수께서 이 첫 표적을 갈릴리 가나에서 행하여 그의 영광을 나타내시매 제자들이 그를 믿으니라 (요 2:11)

_____

_____

_____

_____

_____

_____

_____

_____

_____

_____

✓ **말씀으로 드리는 고백기도**

주님의 말씀에 귀를 기울이며, 주님의 일하심을 사모하는 자가 복된 자임을 믿습니다. 영적으로 깨어 주님의 영광스러운 일을 보게 하소서. 어지러운 세상 속에서 올바른 것을 분별하고 참된 것을 알아볼 수 있는 통찰을 주소서.

✓ **하나님의 성품을 묵상하는 침묵기도** (말씀을 통해 발견한 하나님의 성품을 고백하며 기도합니다.)

✓ **회개와 감사 및 간구기도** (말씀으로 깨달은 회개의 내용과 중보의 제목으로 기도합니다.)

✓ **감사일기**   **일째**

_____

_____

말씀묵상 및 필사 (반복해서 본문을 읽고 묵상한 후 필사합니다.)

· 내가 내 무지개를 구름 속에 두었나니 이것이 나와 세상 사이의 언약의 증거니라 (창 9:13)

· 또 잔을 가지사 감사 기도 하시고 그들에게 주시니 다 이를 마시매 이르시되 이것은 많은 사람
 을 위하여 흘리는 나의 피 곧 언약의 피니라 (막 14:23-24)

_____

_____

_____

_____

_____

_____

_____

_____

_____

_____

✓ **말씀으로 드리는 고백기도**

 떡과 잔을 나누며 그리스도의 삶에 동참하게 하시는 주님을 찬양합니다. 십자가의 은혜와 부활
의 몸으로 이루신 교회를 통해 주님의 몸에 참여하는 자들이 되게 하소서. 주님의 교회에 빛과 생
명이 있음을 믿습니다.

✓ **하나님의 성품을 묵상하는 침묵기도** (말씀을 통해 발견한 하나님의 성품을 고백하며 기도합니다.)

✓ **회개와 감사 및 간구기도** (말씀으로 깨달은 회개의 내용과 중보의 제목으로 기도합니다.)

✓ **감사일기**   일째

_____

_____

✔ **한 주간의 영성훈련을 점검합니다.** (참여가 어려웠던 이유를 기록한 후 개선할 내용을 적어봅시다.)

☐ 1년 성경통독   ☐ 말씀묵상 및 필사   ☐ 침묵기도
☐ 감사와 회개의 기도   ☐ 감사일기   *열심히 참여 (○), 조금 부족 (△), 참여 못함 (×)

✔ **순례자의 노트를 작성하는 동안 가장 은혜로웠던 순간을 적어보세요.**

_____
_____
_____
_____
_____
_____
_____
_____

✔ (1인)   **가정예배**

· 사도신경   · 찬송 : 410장 (내 맘에 한 노래 있어)
· 성경읽기 : 누가복음 23장 32-43절 · 기도 : 본인 또는 가족 중   · 주기도문

12. 1. (일)

✔ **주일설교 묵상**

_____
_____
_____
_____
_____
_____

Dec.

올바른 성경 묵상을 위한 도전들 2

3. 자의적 해석과 오류

성경을 읽는 사람은 자신의 상황 속에서 말씀을 이해하고 적용하고 싶은 유혹을 받습니다. 세상과 이웃을 판단하려는 도구로 말씀을 사용하기도 합니다. 말씀이 가지는 본래의 의미를 먼저 살피십시오. 그리고 성령님께 겸손하게 지혜를 구하고 교회 공동체와 함께 말씀을 적용하려는 노력을 기울여야 합니다. 그렇지 않으면 잘못된 해석과 이해로 심각한 오류를 낳을 수 있습니다.

4. 말씀과 삶의 일치

말씀 묵상은 결코 그리스도인의 삶과 분리될 수 없습니다. 거룩한 삶을 멀리하면서 말씀의 은혜를 누릴 수 없기 때문입니다. 말씀으로 삶을 살아내기 위해 힘쓸 때, 하나님의 다스림과 성령님의 충만하신 은혜가 임할 것입니다.

말씀묵상 및 필사 (반복해서 본문을 읽고 묵상한 후 필사합니다.)

· 내 하나님이여 내가 낮에도 부르짖고 밤에도 잠잠하지 아니하오나 응답하지 아니하시나이다 (시 22:2)

· 아무 것도 염려하지 말고 다만 모든 일에 기도와 간구로, 너희 구할 것을 감사함으로 하나님께 아뢰라 (빌 4:6)

✓ 말씀으로 드리는 고백기도

기도하게 하시는 주님을 찬양합니다. 모든 염려를 다 주님께 맡깁니다. 우리를 돌보시는 주님이 함께 하시니 염려할 것이 없습니다. 성령님, 우리의 간구를 들으시고 중보하소서. 하나님의 뜻을 구하고 찾게 하소서.

✓ 하나님의 성품을 묵상하는 침묵기도 (말씀을 통해 발견한 하나님의 성품을 고백하며 기도합니다.)

✓ 회개와 감사 및 간구기도 (말씀으로 깨달은 회개의 내용과 중보의 제목으로 기도합니다.)

✓ 감사일기　　일째

말씀묵상 및 필사 (반복해서 본문을 읽고 묵상한 후 필사합니다.)

· 여호와를 경외하는 것은 악을 미워하는 것이라 나는 교만과 거만과 악한 행실과 패역한 입을 미워하느니라 (잠 8:13)

· 하나님이 우리를 부르심은 부정하게 하심이 아니요 거룩하게 하심이니 그러므로 저버리는 자는 사람을 저버림이 아니요 너희에게 그의 성령을 주신 하나님을 저버림이니라 (살전 4:7-8)

✓ **말씀으로 드리는 고백기도**

주님, 하나님을 기뻐하고 죄를 미워하게 하소서. 영적 게으름을 떨쳐내게 하소서. 나를 어둠에 머무르게 하는 사탄의 유혹에 넘어가지 않게 하소서. 오늘도 예수 그리스도, 빛 되신 주님의 이름을 부르며 나아갑니다. 내게 은혜를 베풀어 주소서.

✓ **하나님의 성품을 묵상하는 침묵기도** (말씀을 통해 발견한 하나님의 성품을 고백하며 기도합니다.)

✓ **회개와 감사 및 간구기도** (말씀으로 깨달은 회개의 내용과 중보의 제목으로 기도합니다.)

✓ **감사일기   일째**

말씀묵상 및 필사 (반복해서 본문을 읽고 묵상한 후 필사합니다.)

· 그런즉 너희 하나님 여호와께서 너희에게 명령하신 대로 너희는 삼가 행하여 좌로나 우로나 치우치지 말고 (신 5:32)

· 예수께서 대답하시되 첫째는 이것이니 이스라엘아 들으라 주 곧 우리 하나님은 유일한 주시라 네 마음을 다하고 목숨을 다하고 뜻을 다하고 힘을 다하여 주 너의 하나님을 사랑하라 하신 것 이요 둘째는 이것이니 네 이웃을 네 자신과 같이 사랑하라 하신 것이라 이보다 더 큰 계명이 없 느니라 (막 12:29-31)

_____

_____

_____

_____

_____

_____

_____

✓ **말씀으로 드리는 고백기도**

　주님의 명령에 순종하기를 원합니다. 우리가 순종으로 열매를 맺으면 아버지께서 영광을 받으 시는 줄 믿습니다. 주님을 온전히 신뢰하고 사랑하며 말씀대로 살아가는 것만이 참된 삶임을 고백 합니다. 충만한 삶으로 우리를 이끄소서.

✓ **하나님의 성품을 묵상하는 침묵기도** (말씀을 통해 발견한 하나님의 성품을 고백하며 기도합니다.)

✓ **회개와 감사 및 간구기도** (말씀으로 깨달은 회개의 내용과 중보의 제목으로 기도합니다.)

✓ **감사일기**　　일째

_____

_____

말씀묵상 및 필사 (반복해서 본문을 읽고 묵상한 후 필사합니다.)

· 나는 여호와라 내가 말하리니 내가 하는 말이 다시는 더디지 아니하고 응하리라 반역하는 족
속이여 내가 너희 생전에 말하고 이루리라 나 주 여호와의 말이니라 하셨다 하라 (겔 12:25)

· 예수께서 이르시되 내 말이 네가 믿으면 하나님의 영광을 보리라 하지 아니하였느냐 하시니
(요 11:40)

_____

_____

_____

_____

_____

_____

_____

_____

_____

✓ 말씀으로 드리는 고백기도

　주님, 믿음이 부족합니다. 우리를 불쌍히 여기소서. 주님의 말씀을 신뢰하지 않는 교만함을 용서
하소서. 우리 앞에 있는 말씀을 겸손히 읽으며 주님의 뜻에 순종하는 자가 되게 하소서. 주님, 순종
하는 자에게 주님의 영광을 나타내소서.

✓ 하나님의 성품을 묵상하는 침묵기도 (말씀을 통해 발견한 하나님의 성품을 고백하며 기도합니다.)

✓ 회개와 감사 및 간구기도 (말씀으로 깨달은 회개의 내용과 중보의 제목으로 기도합니다.)

✓ 감사일기　　일째

_____

_____

말씀묵상 및 필사 (반복해서 본문을 읽고 묵상한 후 필사합니다.)

· 주께서 내 생명을 사망에서 건지셨음이라 주께서 나로 하나님 앞, 생명의 빛에 다니게 하시려고 실족하지 아니하게 하지 아니하셨나이까 (시 56:13)

· 사람이 감당할 시험 밖에는 너희가 당한 것이 없나니 오직 하나님은 미쁘사 너희가 감당하지 못할 시험 당함을 허락하지 아니하시고 시험 당할 즈음에 또한 피할 길을 내사 너희로 능히 감당하게 하시느니라 (고전 10:13)

_____

_____

_____

_____

_____

_____

_____

✓ 말씀으로 드리는 고백기도

환난을 거두지 않으심은 자녀를 사랑하셔서 연단하시는 주님의 뜻임을 믿습니다. 우리를 주님 닮은 인격으로 빚으시고 오직 주님만을 사랑하고 당신의 뜻을 구하는 자들로 세워 주소서. 사랑이 많으신 주님만을 의지합니다.

✓ 하나님의 성품을 묵상하는 침묵기도 (말씀을 통해 발견한 하나님의 성품을 고백하며 기도합니다.)

✓ 회개와 감사 및 간구기도 (말씀으로 깨달은 회개의 내용과 중보의 제목으로 기도합니다.)

✓ 감사일기   일째

_____

_____

✔ **한 주간의 영성훈련을 점검합니다.** (참여가 어려웠던 이유를 기록한 후 개선할 내용을 적어봅시다.)

☐ 1년 성경통독   ☐ 말씀묵상 및 필사   ☐ 침묵기도

☐ 감사와 회개의 기도   ☐ 감사일기   *열심히 참여 (○), 조금 부족 (△), 참여 못함 (×)

✔ **순례자의 노트를 작성하는 동안 가장 은혜로웠던 순간을 적어보세요.**

✔ **(1인)**   **가정예배**

· 사도신경   · 찬송 : 540장 (주의 음성을 내가 들으니)

· 성경읽기 : 요한복음 19장 38-42절 · 기도 : 본인 또는 가족 중   · 주기도문

12. 8. (일)

✔ **주일설교 묵상**

말씀묵상 및 필사 (반복해서 본문을 읽고 묵상한 후 필사합니다.)

· 내가 평생토록 여호와께 노래하며 내가 살아 있는 동안 내 하나님을 찬양하리로다 (시 104:33)

· 주께서 나를 모든 악한 일에서 건져내시고 또 그의 천국에 들어가도록 구원하시리니 그에게 영광이 세세무궁토록 있을지어다 아멘 (딤후 4:18)

_____

_____

_____

_____

_____

_____

_____

_____

_____

✓ 말씀으로 드리는 고백기도

　주님, 주님께서 택한 자녀를 세상 끝날까지 지키실 것을 믿습니다. 날마다 주님을 찬송하며 기뻐하며 살아가게 하소서. 복음을 들고 선 주님의 자녀들의 여정에 함께 하소서. 하나님 나라를 위해 일하는 주님의 동역자를 위해 축복하고 기도합니다. 악으로부터 지켜주시고 주님의 능력을 허락하소서.

✓ 하나님의 성품을 묵상하는 침묵기도 (말씀을 통해 발견한 하나님의 성품을 고백하며 기도합니다.)

✓ 회개와 감사 및 간구기도 (말씀으로 깨달은 회개의 내용과 중보의 제목으로 기도합니다.)

✓ 감사일기　　일째

_____

_____

말씀묵상 및 필사 (반복해서 본문을 읽고 묵상한 후 필사합니다.)

· 사울의 아들 요나단이 일어나 수풀에 들어가서 다윗에게 이르러 그에게 하나님을 힘 있게 의지하게 하였는데 (삼상 23:16)

· 그러므로 피차 권면하고 서로 덕을 세우기를 너희가 하는 것 같이 하라 (살전 5:11)

_____

_____

_____

_____

_____

_____

_____

_____

_____

✓ 말씀으로 드리는 고백기도

주님의 교회를 지키소서. 서로가 하나님만을 바라볼 수 있도록 기도하게 하소서. 나의 권면이 아니라 성령 하나님의 권면을 의지하게 하소서. 세상의 공동체가 아니라 그리스도안에서 성장하는 공동체가 되게 하소서.

✓ 하나님의 성품을 묵상하는 침묵기도 (말씀을 통해 발견한 하나님의 성품을 고백하며 기도합니다.)

✓ 회개와 감사 및 간구기도 (말씀으로 깨달은 회개의 내용과 중보의 제목으로 기도합니다.)

✓ 감사일기   일째

_____

_____

말씀묵상 및 필사 (반복해서 본문을 읽고 묵상한 후 필사합니다.)

· 주의 진리로 나를 지도하시고 교훈하소서 주는 내 구원의 하나님이시니 내가 종일 주를 기다리나이다 (시 25:5)

· 구하라 그리하면 너희에게 주실 것이요 찾으라 그리하면 찾아낼 것이요 문을 두드리라 그리하면 너희에게 열릴 것이니 (마 7:7)

_____
_____
_____
_____
_____
_____
_____
_____

✓ 말씀으로 드리는 고백기도

기도하는 자를 외면하지 않으시는 주님, 주님의 뜻을 속히 알려주소서. 인내하며 주님의 음성을 듣고자 하는 자들에게 포기하지 않는 믿음을 주소서. 오늘도 주님의 말씀을 의지하고 기도합니다. 주님, 응답하소서. 순종하겠습니다.

✓ 하나님의 성품을 묵상하는 침묵기도 (말씀을 통해 발견한 하나님의 성품을 고백하며 기도합니다.)

✓ 회개와 감사 및 간구기도 (말씀으로 깨달은 회개의 내용과 중보의 제목으로 기도합니다.)

✓ 감사일기   일째

_____
_____

말씀묵상 및 필사 (반복해서 본문을 읽고 묵상한 후 필사합니다.)

· 네가 네 하나님 여호와의 말씀을 청종하면 이 모든 복이 네게 임하며 네게 이르리니 성읍에서
  도 복을 받고 들에서도 복을 받을 것이며 (신 28:2-3)

· 예수께서 이르시되 오히려 하나님의 말씀을 듣고 지키는 자가 복이 있느니라 하시니라
  (눅 11:28)

✓ 말씀으로 드리는 고백기도

 복있는 사람은 오직 여호와의 율법을 즐거워하는 자임을 믿습니다. 말씀을 통해 주시는 하나님
의 축복이 무엇인지 분명하게 깨닫게 하소서. 우리의 좁은 생각에 머물지 않도록 말씀의 은혜와
축복을 충만히 허락하소서.

✓ 하나님의 성품을 묵상하는 침묵기도 (말씀을 통해 발견한 하나님의 성품을 고백하며 기도합니다.)

✓ 회개와 감사 및 간구기도 (말씀으로 깨달은 회개의 내용과 중보의 제목으로 기도합니다.)

✓ 감사일기   일째

말씀묵상 및 필사 (반복해서 본문을 읽고 묵상한 후 필사합니다.)

· 여호와께서 나를 위하여 보상해 주시리이다 여호와여 주의 인자하심이 영원하오니 주의 손으로 지으신 것을 버리지 마옵소서 (시 138:8)

· 누가 능히 하나님께서 택하신 자들을 고발하리요 의롭다 하신 이는 하나님이시니 (롬 8:33)

✓ 말씀으로 드리는 고백기도
  주님, 우리를 고발하는 사탄은 주님의 발 아래 있습니다. 우리를 넘어지게 하는 마귀의 계략을 물리쳐 주소서. 누구도 우리의 구원을 흔들 수 없습니다. 구원의 기쁨과 즐거움이 우리 안에 차고 넘치게 하소서.

✓ 하나님의 성품을 묵상하는 침묵기도 (말씀을 통해 발견한 하나님의 성품을 고백하며 기도합니다.)

✓ 회개와 감사 및 간구기도 (말씀으로 깨달은 회개의 내용과 중보의 제목으로 기도합니다.)

✓ 감사일기   일째

✔ **한 주간의 영성훈련을 점검합니다.** (참여가 어려웠던 이유를 기록한 후 개선할 내용을 적어봅시다.)

☐ 1년 성경통독   ☐ 말씀묵상 및 필사   ☐ 침묵기도

☐ 감사와 회개의 기도   ☐ 감사일기   *열심히 참여 (○), 조금 부족 (△), 참여 못함 (×)

✔ **순례자의 노트를 작성하는 동안 가장 은혜로웠던 순간을 적어보세요.**

_____

_____

_____

_____

_____

_____

_____

_____

_____

✔ (1인)   **가정예배**

· 사도신경   · 찬송 : 401장 (주의 곁에 있을 때)

· 성경읽기 : 요한복음 20장 1-18절   · 기도 : 본인 또는 가족 중   · 주기도문

12. 15. (일)

✔ **주일설교 묵상**

_____

_____

_____

_____

_____

말씀묵상 및 필사 (반복해서 본문을 읽고 묵상한 후 필사합니다.)

· 의인의 길은 돋는 햇살 같아서 크게 빛나 한낮의 광명에 이르거니와 (잠 4:18)

· 너희는 다 빛의 아들이요 낮의 아들이라 우리가 밤이나 어둠에 속하지 아니하나니 그러므로 우리는 다른 이들과 같이 자지 말고 오직 깨어 정신을 차릴지라 (살전 5:5-6)

_____

_____

_____

_____

_____

_____

_____

_____

_____

_____

✓ 말씀으로 드리는 고백기도

주님은 의인을 위하여 빛을 주시고, 마음이 정직한 자를 위하여 기쁨이 넘치게 하시는 분임을 믿습니다. 의인들은 아버지의 나라에서 해와 같이 빛날 것임을 믿습니다. 할렐루야.

✓ 하나님의 성품을 묵상하는 침묵기도 (말씀을 통해 발견한 하나님의 성품을 고백하며 기도합니다.)

✓ 회개와 감사 및 간구기도 (말씀으로 깨달은 회개의 내용과 중보의 제목으로 기도합니다.)

✓ 감사일기   일째

_____

_____

말씀묵상 및 필사 (반복해서 본문을 읽고 묵상한 후 필사합니다.)

· 여호와는 선하시고 정직하시니 그러므로 그의 도로 죄인들을 교훈하시리로다 (시 25:8)

· 그러므로 형제들아 너희가 알 것은 이 사람을 힘입어 죄 사함을 너희에게 전하는 이것이며
 (행 13:38)

_____

_____

_____

_____

_____

_____

_____

_____

_____

✓ **말씀으로 드리는 고백기도**

 예수 그리스도의 피로 죄 사함을 받았음을 믿음으로 고백합니다. 거룩한 자로 다시 태어났음을 믿습니다. 나는 죄의 종이 아니라 하나님의 자녀로 결코 버려지지 않을 것입니다. 중보자가 되시는 예수님의 이름을 부르며 나아갑니다. 날마다 새롭게 하소서.

✓ **하나님의 성품을 묵상하는 침묵기도** (말씀을 통해 발견한 하나님의 성품을 고백하며 기도합니다.)

✓ **회개와 감사 및 간구기도** (말씀으로 깨달은 회개의 내용과 중보의 제목으로 기도합니다.)

✓ **감사일기   일째**

_____

_____

말씀묵상 및 필사 (반복해서 본문을 읽고 묵상한 후 필사합니다.)

· 하나님의 도는 완전하고 여호와의 말씀은 순수하니 그는 자기에게 피하는 모든 자의 방패시로 다 (시 18:30)

· 또 제자들에게 이르시되 그러므로 내가 너희에게 이르노니 너희 목숨을 위하여 무엇을 먹을까 몸을 위하여 무엇을 입을까 염려하지 말라 목숨이 음식보다 중하고 몸이 의복보다 중하니라 (눅 12:22-23)

_____

_____

_____

_____

_____

_____

_____

_____

_____

✓ 말씀으로 드리는 고백기도

오직 주님만 바라봅니다. 생명의 길이 주님께 있습니다. 주님을 온전히 신뢰하고 사랑하며 말씀 대로 살아가는 것만이 복된 삶임을 고백합니다. 충만한 삶으로 우리를 이끄소서.

✓ 하나님의 성품을 묵상하는 침묵기도 (말씀을 통해 발견한 하나님의 성품을 고백하며 기도합니다.)

✓ 회개와 감사 및 간구기도 (말씀으로 깨달은 회개의 내용과 중보의 제목으로 기도합니다.)

✓ 감사일기   일째

_____

_____

말씀묵상 및 필사 (반복해서 본문을 읽고 묵상한 후 필사합니다.)

· 사람들이 종일 내게 하는 말이 네 하나님이 어디 있느뇨 하오니 내 눈물이 주야로 내 음식이 되었도다 (시 42:3)

· 그는 육체에 계실 때에 자기를 죽음에서 능히 구원하실 이에게 심한 통곡과 눈물로 간구와 소원을 올렸고 그의 경건하심으로 말미암아 들으심을 얻었느니라 (히 5:7)

_____

_____

_____

_____

_____

_____

_____

_____

_____

✓ **말씀으로 드리는 고백기도**

주님, 우리가 곤고하고 괴롭습니다. 주님께 간절히 구합니다. 부르짖는 소리를 외면하지 않으시는 긍휼이 풍성하신 주님을 바라봅니다. 주님만이 상한 곳을 고치시고 구원하실 수 있는 분임을 믿습니다. 우리의 기도에 응답하소서.

✓ **하나님의 성품을 묵상하는 침묵기도** (말씀을 통해 발견한 하나님의 성품을 고백하며 기도합니다.)

✓ **회개와 감사 및 간구기도** (말씀으로 깨달은 회개의 내용과 중보의 제목으로 기도합니다.)

✓ **감사일기   일째**

_____

_____

말씀묵상 및 필사 (반복해서 본문을 읽고 묵상한 후 필사합니다.)

· 나의 왕, 나의 하나님, 만군의 여호와여 주의 제단에서 참새도 제 집을 얻고 제비도 새끼 둘 보금자리를 얻었나이다 (시 84:3)

· 그런즉 안식할 때가 하나님의 백성에게 남아 있도다 (히 4:9)

_____

_____

_____

_____

_____

_____

_____

_____

_____

_____

✓ 말씀으로 드리는 고백기도

택하신 자녀들을 보호하시고 평화와 안식을 주시는 하나님을 찬양합니다. 소망 가운데 흔들리지 않고 주권자 되시는 하나님만을 바라보게 하옵소서. 진정한 평안과 안식은 오직 주님께 있습니다. 우리에게 안식을 주소서.

✓ 하나님의 성품을 묵상하는 침묵기도 (말씀을 통해 발견한 하나님의 성품을 고백하며 기도합니다.)

✓ 회개와 감사 및 간구기도 (말씀으로 깨달은 회개의 내용과 중보의 제목으로 기도합니다.)

✓ 감사일기   일째

_____

_____

✔ **한 주간의 영성훈련을 점검합니다.** (참여가 어려웠던 이유를 기록한 후 개선할 내용을 적어봅시다.)

☐ 1년 성경통독   ☐ 말씀묵상 및 필사   ☐ 침묵기도

☐ 감사와 회개의 기도   ☐ 감사일기   *열심히 참여 (○), 조금 부족 (△), 참여 못함 (×)

✔ **순례자의 노트를 작성하는 동안 가장 은혜로웠던 순간을 적어보세요.**

_____

_____

_____

_____

_____

_____

_____

_____

_____

✔ (1인)   **가정예배**

· 사도신경   · 찬송 : 125장 (천사들의 노래가)

· 성경읽기 : 누가복음 24장 13-32절 · 기도 : 본인 또는 가족 중   · 주기도문

12. 22. (일)

✔ **주일설교 묵상**

_____

_____

_____

_____

_____

_____

말씀묵상 및 필사 (반복해서 본문을 읽고 묵상한 후 필사합니다.)

· 목자가 양 가운데에 있는 날에 양이 흩어졌으면 그 떼를 찾는 것 같이 내가 내 양을 찾아서 흐리고 캄캄한 날에 그 흩어진 모든 곳에서 그것들을 건져낼지라 (겔 34:12)

· 나는 선한 목자라 나는 내 양을 알고 양도 나를 아는 것이 (요 10:14)

_____
_____
_____
_____
_____
_____
_____
_____
_____

✓ 말씀으로 드리는 고백기도

　목자 없는 양과 같은 우리를 버리지 않으시고 참 목자가 되어주신 주님을 찬양합니다. 하나님의 일을 위해 우리를 온전하게 하시는 선한 목자이신 주님을 바라봅니다. 주님께서 기뻐하시는 일이 목자이신 주님 안에서 이루어질 줄 믿습니다.

✓ 하나님의 성품을 묵상하는 침묵기도 (말씀을 통해 발견한 하나님의 성품을 고백하며 기도합니다.)

✓ 회개와 감사 및 간구기도 (말씀으로 깨달은 회개의 내용과 중보의 제목으로 기도합니다.)

✓ 감사일기　　일째

_____
_____

말씀묵상 및 필사 (반복해서 본문을 읽고 묵상한 후 필사합니다.)

· 너는 사람이 그 아들을 징계함 같이 네 하나님 여호와께서 너를 징계하시는 줄 마음에 생각하고 (신 8:5)

· 이에 일어나서 아버지께로 돌아가니라 아직도 거리가 먼데 아버지가 그를 보고 측은히 여겨 달려가 목을 안고 입을 맞추니 (눅 15:20)

✔ 말씀으로 드리는 고백기도

주님, 우리를 향한 하나님의 선하신 마음을 알게 하소서. 예수 그리스도를 통한 구원의 길을 여신 주님께서 마지막 날까지 인자와 은혜로돌보시며, 때로는 징계하심으로 구원을 완성하실 줄 믿습니다. 할렐루야.

✔ 하나님의 성품을 묵상하는 침묵기도 (말씀을 통해 발견한 하나님의 성품을 고백하며 기도합니다.)

✔ 회개와 감사 및 간구기도 (말씀으로 깨달은 회개의 내용과 중보의 제목으로 기도합니다.)

✔ 감사일기   일째

말씀묵상 및 필사 (반복해서 본문을 읽고 묵상한 후 필사합니다.)

· 이 백성은 내가 나를 위하여 지었나니 나를 찬송하게 하려 함이니라(사 43:21)

· 이제는 그의 육체의 죽음으로 말미암아 화목하게 하사 너희를 거룩하고 흠 없고 책망할 것이 없는 자로 그 앞에 세우고자 하셨으니 (골 1:22)

_____

_____

_____

_____

_____

_____

_____

_____

_____

✓ 말씀으로 드리는 고백기도

예수 그리스도를 통해 하나님과 화목하게 하시는 은혜를 찬양합니다. 우리가 창조된 이유와 삶의 의미를 깨닫게 하소서. 거룩한 삶으로 주님을 영화롭게 하는 삶으로 살아가게 하소서. 주님을 영화롭게 하는 자를 주님께서 영화롭게 하시는 줄 믿습니다.

✓ 하나님의 성품을 묵상하는 침묵기도 (말씀을 통해 발견한 하나님의 성품을 고백하며 기도합니다.)

✓ 회개와 감사 및 간구기도 (말씀으로 깨달은 회개의 내용과 중보의 제목으로 기도합니다.)

✓ 감사일기   일째

_____

_____

말씀묵상 및 필사 (반복해서 본문을 읽고 묵상한 후 필사합니다.)

· 유다 족속아, 이스라엘 족속아, 너희가 이방인 가운데에서 저주가 되었었으나 이제는 내가 너
희를 구원하여 너희가 복이 되게 하리니 두려워하지 말지니라 손을 견고히 할지니라 (슥 8:13)

· 너희는 세상의 빛이라 산 위에 있는 동네가 숨겨지지 못할 것이요 (마 5:14)

_____

_____

_____

_____

_____

_____

_____

_____

_____

✓ 말씀으로 드리는 고백기도

　주님께서 저주 받을 우리를 복된 존재가 되게 하셨습니다. 빛과 생명으로 우리를 복의 통로가 되
게 하소서. 어둠을 밝히고 거짓을 몰아내는 주의 백성이 되게 하소서. 죽음의 그늘에 앉은 자에게
주님의 빛을 비추게 하소서. 성령님과 동행하며 나아갑니다.

✓ 하나님의 성품을 묵상하는 침묵기도 (말씀을 통해 발견한 하나님의 성품을 고백하며 기도합니다.)

✓ 회개와 감사 및 간구기도 (말씀으로 깨달은 회개의 내용과 중보의 제목으로 기도합니다.)

✓ 감사일기　　일째

_____

_____

말씀묵상 및 필사 (반복해서 본문을 읽고 묵상한 후 필사합니다.)

· 욥이 여호와께 대답하여 이르되 보소서 나는 비천하오니 무엇이라 주께 대답하리이까 손으로
  내 입을 가릴 뿐이로소이다 (욥 40:3-4)

· 오직 하나님께 옳게 여기심을 입어 복음을 위탁 받았으니 우리가 이와 같이 말함은 사람을 기
  쁘게 하려 함이 아니요 오직 우리 마음을 감찰하시는 하나님을 기쁘시게 하려 함이라 (살전 2:4)

_____

_____

_____

_____

_____

_____

_____

_____

_____

✓ 말씀으로 드리는 고백기도

　주님의 마음을 가장 잘 아는 자가 되기를 소원합니다. 하나님이 가장 기뻐하시는 일을 하는 자가
되기를 기도합니다. 주님을 마음의 중심에 두고 나아가는 믿음을 기쁘게 받아 주소서. 나의 삶을
통해 주님의 영광만이 나타나게 하소서.

✓ 하나님의 성품을 묵상하는 침묵기도 (말씀을 통해 발견한 하나님의 성품을 고백하며 기도합니다.)

✓ 회개와 감사 및 간구기도 (말씀으로 깨달은 회개의 내용과 중보의 제목으로 기도합니다.)

✓ 감사일기　　일째

_____

_____

✔ **한 주간의 영성훈련을 점검합니다.** (참여가 어려웠던 이유를 기록한 후 개선할 내용을 적어봅시다.)

☐ 1년 성경통독   ☐ 말씀묵상 및 필사   ☐ 침묵기도

☐ 감사와 회개의 기도   ☐ 감사일기   *열심히 참여 (○), 조금 부족 (△), 참여 못함 (×)

✔ **순례자의 노트를 작성하는 동안 가장 은혜로웠던 순간을 적어보세요.**

_____

_____

_____

_____

_____

_____

_____

_____

✔ (1인)   **가정예배**

· 사도신경   · 찬송 : 293장 (주의 사랑 비칠 때에)

· 성경읽기 : 요한복음 21장 1-19절   · 기도 : 본인 또는 가족 중   · 주기도문

12. 29. (일)

✔ **주일설교 묵상**

_____

_____

_____

_____

_____

_____

말씀묵상 및 필사 (반복해서 본문을 읽고 묵상한 후 필사합니다.)

· 여호와께서 사무엘에게 이르시되 그의 용모와 키를 보지 말라 내가 이미 그를 버렸노라 내가 보는 것은 사람과 같지 아니하니 사람은 외모를 보거니와 나 여호와는 중심을 보느니라 하시더라 (삼상 16:7)

· 오직 너희를 부르신 거룩한 이처럼 너희도 모든 행실에 거룩한 자가 되라 (벧전 1:15)

_____

_____

_____

_____

_____

_____

_____

_____

_____

_____

✓ 말씀으로 드리는 고백기도

주님, 우리의 중심을 보소서. 더러운 우리의 속 마음을 내어 놓습니다. 우리를 불쌍히 여기시고 성령으로 거룩하게 하소서. 거룩한 자가 되라는 주님의 엄중한 명령 앞에 순종합니다. 주님이 기뻐하시는 자가 되게 하소서.

✓ 하나님의 성품을 묵상하는 침묵기도 (말씀을 통해 발견한 하나님의 성품을 고백하며 기도합니다.)

✓ 회개와 감사 및 간구기도 (말씀으로 깨달은 회개의 내용과 중보의 제목으로 기도합니다.)

✓ 감사일기   일째

_____

_____

말씀묵상 및 필사 (반복해서 본문을 읽고 묵상한 후 필사합니다.)

· 다시는 낮에 해가 네 빛이 되지 아니하며 달도 네게 빛을 비추지 않을 것이요 오직 여호와가 네게 영원한 빛이 되며 네 하나님이 네 영광이 되리니 (사 60:19)

· 그가 증언하러 왔으니 곧 빛에 대하여 증언하고 모든 사람이 자기로 말미암아 믿게 하려 함이라 (요 1:7)

___

✓ 말씀으로 드리는 고백기도

아버지가 아들을 세상의 구주로 보내신 것을 압니다. 아들을 통해 그 크신 아버지의 사랑을 알게 하소서. 주님의 사랑 안에서 빛으로 살아가게 하소서. 아버지의 빛을 받아 영광의 빛을 세상에 비추게 하소서. 성령님, 거룩한 빛을 우리에게 비추소서.

✓ 하나님의 성품을 묵상하는 침묵기도 (말씀을 통해 발견한 하나님의 성품을 고백하며 기도합니다.)

✓ 회개와 감사 및 간구기도 (말씀으로 깨달은 회개의 내용과 중보의 제목으로 기도합니다.)

✓ 감사일기   일째

2024
순례자의 노트

초판 1쇄	2023년 12월 13일
지은이	장성환
펴낸이	장성환
교정	하재천, 이보미, 지은영, 이조은
문서작업	박지은, 하효진, 박두산
펴낸곳	후밀리타스
주소	서울 서대문구 연대동문길 49 지층
전화	02-302-2850
이메일	siotstory@naver.com

표지 디자인 및 내지 편집   유니꼬디자인

ISBN   979-11-976837-7-0

가격은 뒤표지에 있습니다.